Bookkeeping

簿記がわかってしまう魔法の書

小沢 浩

日本実業出版社

プロローグ

Prologue

魔法の封印を解く。

これから、みなさんを
魔法《まほう》の世界にご案内しましょう。
時は中世《ちゅうせい》、１４５０年代の中頃《なかごろ》。
まだ、魔法使いがいた頃《ころ》の話です。

でも、その前に。
魔法の世界に入るためには、
入口の封印《ふういん》を解《と》かなければいけません。
魔法の世界の入口は、簡単には入れないように、
いじわるな暗号《あんごう》で封印されているのです。
たいていの人間は、この封印を解けずに、
魔法の世界に入ることをあきらめるのです。

本当は、とっても簡単な暗号なのに。
みなさんには、特別に教えてあげましょう。
この封印の解き方を。

その暗号は、
左のことを「**借方**《かりかた》」
右のことを「**貸方**《かしかた》」
と言い換えるだけです。簡単でしょう。

でももし、みなさんが、
フォークを持つ左手を「ナイフの手」とよんで、
ナイフを持つ右手を「フォークの手」とよぶといわれたら、
ちょっと混乱するでしょう。
右手でフォークを持つこともありますしね。

人間というのは愚《おろ》かなもので、
お金の話をするときに、この暗号を使うと、
「借りたお金を書くところが借方」
「貸したお金を書くところが貸方」

フォークを持つのは、ナイフの手？
ナイフを持つのは、フォークの手？

なんて思ってしまうのですよ。
お金の貸し借りとは、何の関係もないのに。

いいですか、**左は借方、右は貸方。**
これは、みなさんを惑《まど》わす暗号です。
余計なことを考えて、迷わないように
くれぐれも注意してください。

この先、できるだけ封印のない道をご案内しますが、
たとえ封印に出会っても惑わされないでください。

それでは、みなさんを「**簿記**《ぼき》」という魔法の世界にご案内します。

借方・貸方
（かりかた・かしかた）

覚え方

かり

左にはらうので
借り方は「左」

かし

右にはらうので
貸し方は「右」

簿記では、左のことを借方《かりかた》、右のことを貸方《かしかた》といいます。「借りる」「貸す」という表現が、お金の貸し借りを連想させるため、「借りたときに借方」「貸したときに貸方」と考えてしまいますが、そうではありません。単に左・右を表す言葉ですから、深く考えてはいけません。

左と右を表す不思議な言葉

借方・貸方以外にも、世の中には、左・右を表す不思議な言葉があります。舞台では、客席から見て右を「上手《かみて》」、左を「下手《しもて》」といいます。右を「上」とよぶのは、名前を縦書きするときに、偉《えら》い人から順に右から左へ書いていくからです。

そのほかに、東京の山手線は、右回りを「外回り」、左回りを「内回り」といいます。これは、電車も自動車と同じように左側通行なので、右回りの電車が外側、左回りの電車が内側を走るからということです。

簿記は難しいなんて思わないでください。ややこしいのは、簿記だけではないのです。

借方・貸方の語源

深く考えてはいけないといわれても、やっぱり気になる人のために、一応、語

下手
上手
山田 社長
田中 部長
太田 課長
中田 係長
……

タテに名前を書くときに
エライ人から順に、
右→左と書いていくので
右を「上手」、左を「下手」
といいます。

源を紹介しておきましょう。

昔々のことです。金貸し（銀行）が、お金を貸すときに、誰《だれ》にいくら貸したかを忘れないように、貸した相手（＝借り手）と金額をノートの左側に書いていました。そして、金貸しも他の人からお金を借りることがあるので、借りた相手（＝貸し手）と金額をノートの右側に書いていました。借方・貸方の語源はここに由来します。

貸した相手を「借り手」、借りた相手を「貸し手」とよんでいるので、ややこしさ倍増です。だから、こんな説明をしたところで、やっぱりわからないのです。

借方
私が貸した相手は「借り手」で、左ページに書きます。だから、左が「借方」。
貸方
私が借りた相手は「貸し手」で、右ページに書きます。だから、右が「貸方」。

Part 1 基本中の基本を理解する。

プロローグ
魔法の封印を解く。
簿記がわかる『魔法の書』①……6
借方・貸方……6
左と右を表す不思議な言葉……6／借方・貸方の語源……7

Chapter 1 簿記を構成する5つの要素

簿記ものがたり❶……20
簿記がわかる『魔法の書』②……30
「魔法の豆」の2通りの使い方……30
① 資産……32
資産のいろいろ……33／流動資産・固定資産……36

Column ❶ 仕入諸掛・付随費用……37

② 費用……38
費用のいろいろ……39
補足 資産と費用の曖昧な関係……42
減価償却……43／資本的支出と費用的支出……44／
費用⇔資産の変更……45

「魔法の豆」を手に入れる3通りの方法……46

① 負債……48
負債のいろいろ……49
② 資本（純資産）……52
資本のいろいろ……54／「資本」のよび方……54
Column ❷ 政治家が受け取るお金……56
③ 収益……57
収益のいろいろ……58
Column ❸ 利益は6人目の戦士……59

Contents

Column ❹ 占いのお礼……60
簿記ものがたり❷……61
Chapter 2 財務諸表と利益の計算
簿記ものがたり❸……64
簿記がわかる『魔法の書』③……70
貸借平均の原理……70
① 貸借対照表……72
バランスシート……73／利益計算のしくみ……74
② 損益計算書……76
利益計算のしくみ……77／違うカタチの損益計算書……78
③ 精算表……80
簿記ものがたり❹……82

Part 2
いよいよ、記帳方法を学ぶ。

簿記ものがたり⑤……86

Chapter 3 取引の二面性

簿記ものがたり⑥……90
簿記がわかる『魔法の書』④……94
取引の二面性……94
取引の二面性と試算表……94

Chapter 4 仕訳

簿記ものがたり⑦……102
簿記がわかる『魔法の書』⑤……110
仕訳……110

Contents

仕訳の例……111

Chapter 5
勘定記入

簿記ものがたり⑧……116
簿記がわかる『魔法の書』⑥……126
勘定……126
入力画面とハードディスク……127／左は左に、右は右に……127
片側に複数の勘定科目がある場合……128／実際の勘定……130

Chapter 6
試算表

簿記ものがたり⑨……134
簿記がわかる『魔法の書』⑦……140
試算表……140
試算表の種類……141／試算表で誤りを見つける……142
簿記ものがたり⑩……144

Part 3

少しだけレベルアップする。

Chapter 7 三分法

簿記ものがたり⑪
簿記がわかる『魔法の書』⑧……150

三分法……156
三分法の手順……157

Chapter 8 減価償却

簿記ものがたり⑫
簿記がわかる『魔法の書』⑨……162

減価償却……164
実感のない費用……165／減価償却額の計算……166／

Contents

Chapter 9 財務諸表分析

なぜ減価償却をするのか？……166／減価償却しない資産……167

簿記ものがたり⑬……170

簿記がわかる『魔法の書』⑩……182

財務諸表分析……182

収益性の分析……182／効率性の分析……184／

安全性の分析……184／成長性の分析……186

あとがき

この本の特徴……188

イラスト／角 一葉
装丁・本文デザイン／志岐デザイン事務所（萩原 睦）
本文ＤＴＰ／一企画

Part 1

基本中の基本を理解する。

Chapter 1

eeping

簿記を構成する5つの要素

Bookk

昔、あるところに
働《はたら》き者《もの》の男の子がいました。
名前をルカといいます。

ルカは、村で仕入れた豆や小麦を
町で売って暮らしていました。
でも、どんなに働いても、暮らしは貧しいままでした。

ある日、ルカのところに
魔法使いのお婆《ばあ》さんがやってきました。
そして、こういいました。

ルカ、おまえに、貧乏から抜け出す魔法を教えてあげようか。
しかし、タダでは教えられない。
私と取引をしよう。

まず、おまえに、魔法の豆を3つあげよう。
この豆は、何にでも姿を変えられる。
家にも、牛にも、馬にも、それに金貨にもね。

豆を大地に埋めて育てれば、増やすことができる。
増えた豆の半分はおまえのもの、
半分は私のものだ。

もし、豆が足りなければ、貸してあげてもいい。
ただし、借りた豆は、必ず返さなくてはならないよ。

取引だよ
ほれ、3つあげよう

ルカは、もらった豆を育てることにしました。
しかし、畑を耕《たがや》すための すき も くわ もありません。
そこで、豆を1つ、くわ に変えました。

そして、豆を1つ、畑に埋《う》めました。

ルカは、豆に水をやろうとしました。しかし、じょうろがありません。

こんどは、豆を1つ、じょうろに変えました。

もう、豆はありません。

豆はグングンと育ちました。
そして、実《み》がなりました。
豆の木はとても大きく、天まで届《とど》くほどでした。
ルカは、豆に手が届きません。
そこで、豆の木を切り倒そうと思いました。
しかし、おの がありません。

ルカは、魔法使いのお婆さんに頼《たの》んで、
魔法の豆を１つ借りることにしました。
そして、その豆を おの に変えました。

ルカは、豆の木を切り倒して、
２つの豆を手に入れました。

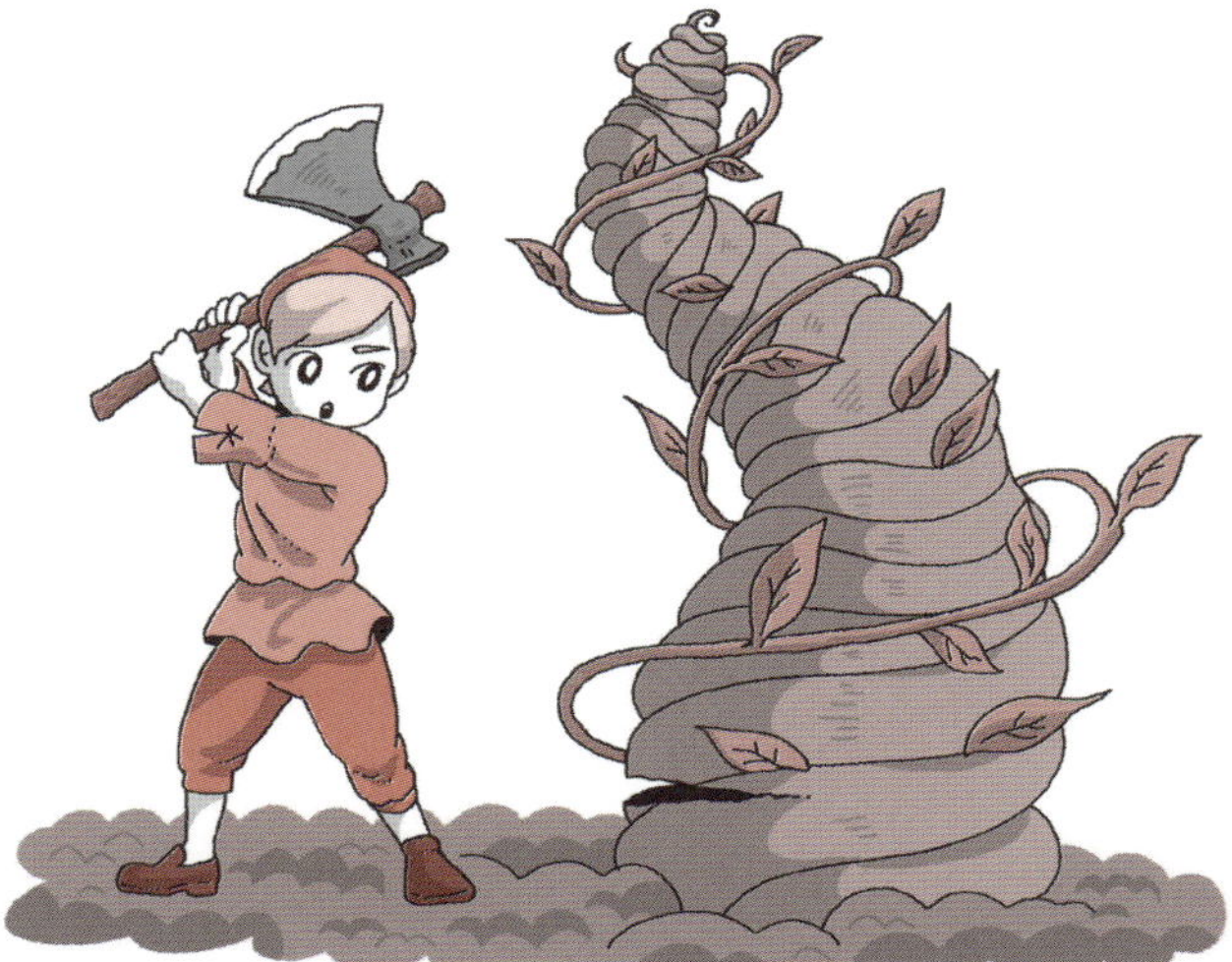

ふたたび、魔法使いのお婆さんがやってきて、ルカに聞きました。
ルカよ、豆は増えたかな。

2つの豆を収穫《しゅうかく》しました。
半分ずつ分ける約束だから、
1つはボクのもの、1つはお婆さんのものですね。

それを聞いてお婆さんはいいました。

おやおや、それでいいのかね。
おまえには豆を1つ貸してあげたね。
それを返してもらうと、私が2つ、おまえはゼロだ。

せっかく豆を育てたのに……
ルカの目には涙が浮かんでいました。

お婆さんはいいました。

おまえは豆をいくつ使ったんだい？

最初に豆を3つもらいました。
その後に、1つ借りました。
全部で4つ使いました。

4つ使って、2つ収穫したので……
2つ減ってしまいました。

ルカの目からは、もう涙があふれそうです。

お婆さんはいいました。

ルカよ、おまえは自分が儲《もう》けているのか、損《そん》しているのかが、
わかっておらんようじゃな。
それでは、どんなに働《はたら》いても貧しいままじゃ。

いいかい、それでは簿記の魔法を教えるよ。
まずは、「手に入れた豆」と「使った豆」に分けて整理《せいり》してごらん。

ルカは、いわれたとおりにやってみました。

「手に入れた豆」と
「使った豆」に分けて
ごらん

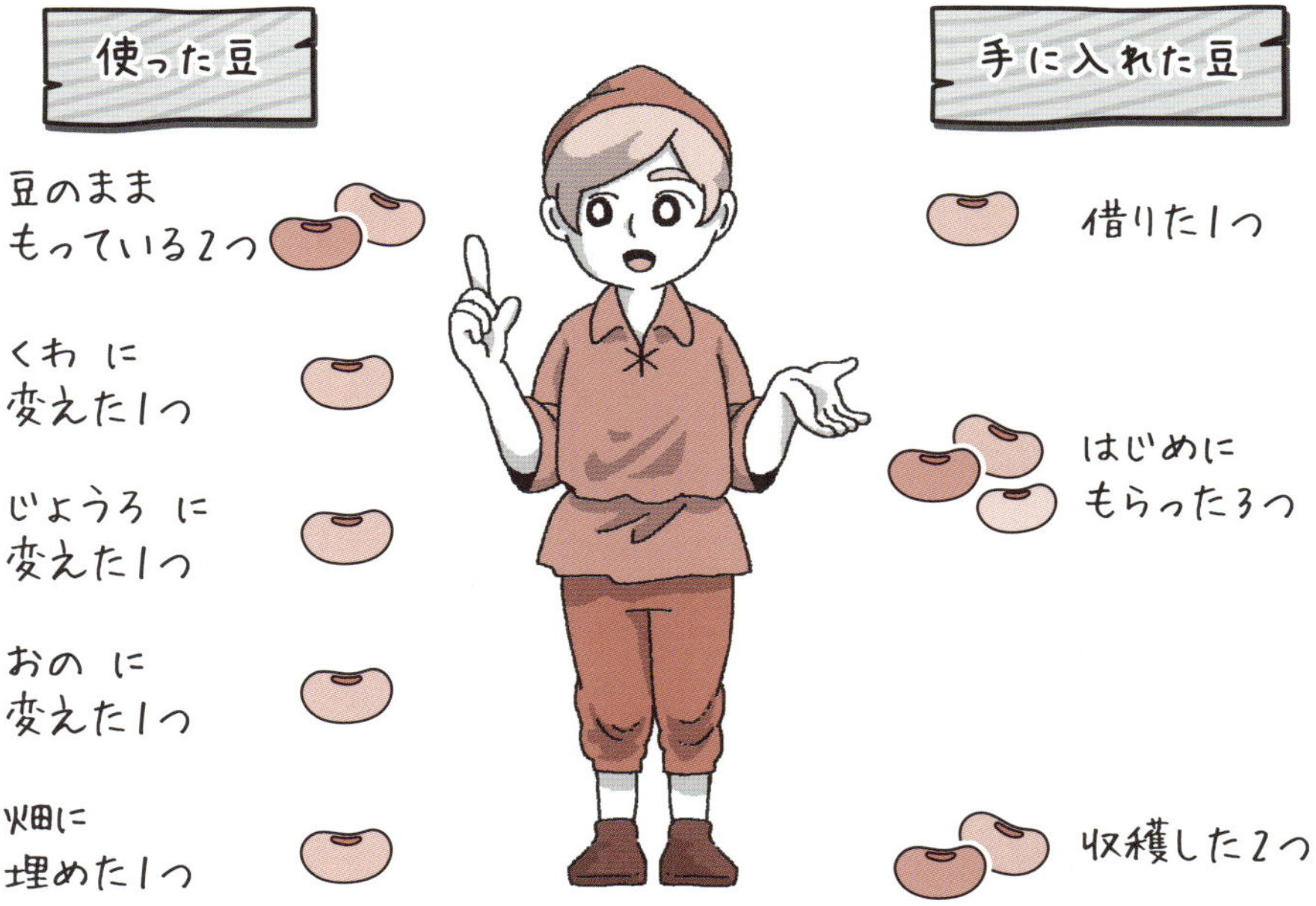

手に入れた 豆 が 6つ、使った 豆 が 6つ でした。

できた！

すると、魔法使いのお婆さんはいいました。

よろしい。
次は、おまえに魔法の呪文《じゅもん》を教えてあげよう。
「**シサン フサイ シホン シュウエキ ヒヨウ**」
呪文の意味は、この本を読んで
調べるがいい。

そういって、『魔法の書』をくれました。

「魔法の豆」の2通りの使い方

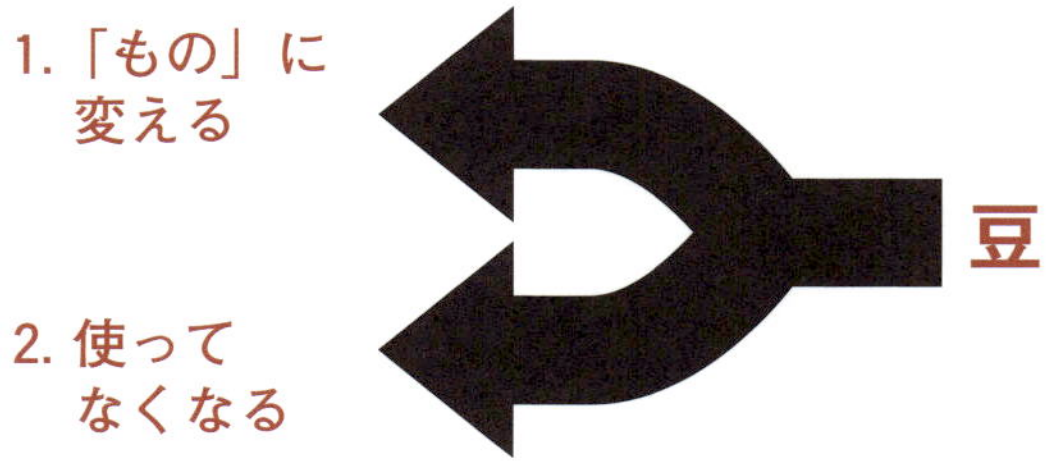

「魔法の豆（お金）」の使い方には2通りあります。1つは、くわ、じょうろ、おのなど、**別のものに変えるという使い方**です。この場合、豆はなくなりますが、別のものが手もとに残ります。このとき、手もとに残っているものを**資産**《しさん》といいます。豆自身も資産です。

資産は、目に見える「もの」に限りません。例えば、特許権《とっきょけん》は目に見えませんが資産です。「将来、お金や商品を受け取る権利」も資産に含まれます。

もう1つは、豆を埋めて種にする、豆を食べてしまうなど、**消えてなくなってしまう使い方**です（埋めた豆は、まだ土の中にあるじゃないかと思うかもしれませんが、ここでは、手放してなくなってしまったことにしましょう）。このように、豆を手放して、代わりのものが何も手もとに残らない場合に、**費用**《ひよう》が発生したといいます。

電車に乗るためにお金を使った、ランチを食べるためにお金を使った、電話代を払った、入場料を払ったという場合は、いずれも手もとに何も残らないので「費用が発生した」といいます。

私たちは、財布から現金が出ていくときに「お金を使った」と表現しますが、じつは、「お金を使う」には、このように2通りの意味があるのです。

あとで詳《くわ》しく説明しますが、資産か費用かの区別がはっきりしないこともあります。

交通費が「使ってなくなる」ものであることは、明らかです。それでは、食べるためのパンを買ったときはどうでしょうか。パンを買ったときには、パンという「もの（資産）」が手に入ります。パンを食べたときに、パン（資産）がなくなります（費用の発生）。消しゴムなども同じですね。この辺りは区別が曖昧《あいまい》です。

① 資産（しさん）

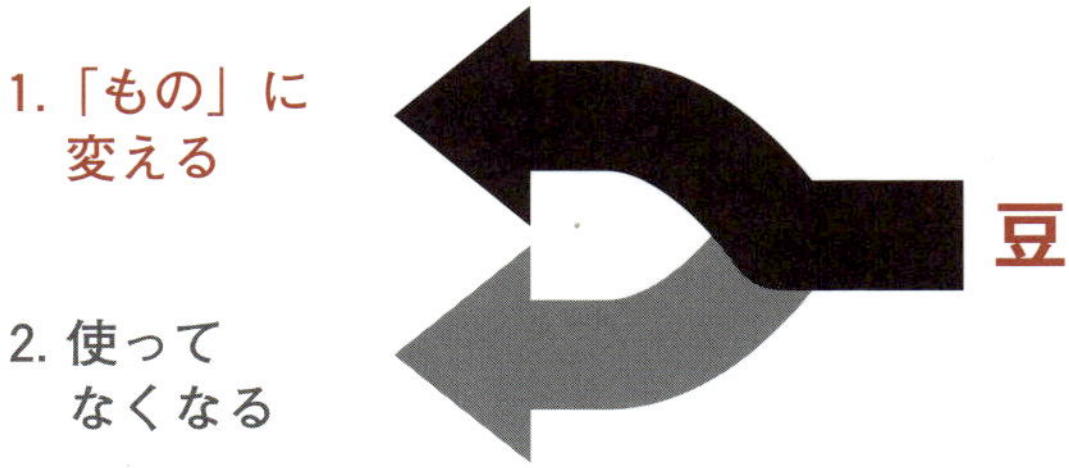

「魔法の豆（お金）」は、くわ、じょうろなどに姿を変えます。豆や豆が姿を変えたものが**資産**《しさん》です。

現金は人間世界の豆です。現金があれば、いろいろなものを手に入れられます。反対に、小麦や果物などの商品も、売れば現金に変えられます。

その他に、お金を貸したときに受け取る借用証書《しゃくようしょうしょ》は、それを持っていれば、いずれ現金を受け取ることができます。

このように、現金や現金が姿を変えたもの、いずれ現金に変わるものを資産といいます。

資産のいろいろ

■現金《げんきん》

紙幣や硬貨などの通貨のことです。何でも買えてしまう**現金**は資産の王様です。他人から受け取った**小切手**《こぎって》も現金の仲間に含めます。

■当座預金《とうざよきん》

私たちが日常的に使う銀行預金の口座《こうざ》を**普通預金口座**といいます。その他に**当座預金口座**という口座があります。

小切手を振り出したときには、当座預金口座からその金額が引き落とされます。

■貸付金《かしつけきん》

人にお金を貸した場合、これを**貸付金**といいます。現金を手放すのと引き換えに借用証書を受け取り、将来、現金を返してもらう権利を手に入れます。

■売掛金《うりかけきん》

商品を売ったけれど、まだ代金を回収していない状態を**売掛金**といいます。「売っている途中」という意味で「売掛《うりかけ》」です。「ツケで売る」「掛けで売る」ともいいます。

毎日オフィスに弁当を届けている弁当屋が、毎日代金を受け取るのではなく、月末にまとめて受け取るような場合に発生します。

売掛金は得意先《とくいさき》との信頼関係だけで成り立っていて、借用証書がありません。しかし、いずれ現金を受け取る権利なので、れっきとした資産です。

■**受取手形《うけとりてがた》**

期日に代金を支払うことを約束した証書を**約束手形《やくそくてがた》**といいます。昔は証書にハンコ代わりに手形を押したので、この名前がつきました。約束手形によって代金を受け取る権利を持っている場合、これを**受取手形**といいます。

■**未収金《みしゅうきん》**

商品以外のものを売って、代金を受け取っていない場合、これを**未収金**といいます。将来、現金を受け取る権利です。

■**商品《しょうひん》**

お店で売るために仕入れた**商品**は、現金と引き換えに手に入れて、売れば現金に変わるものなので、資産です。

■**備品《びひん》**

机、椅子、棚、パソコン、エアコンなどをまとめて**備品**といいます。

■**建物《たてもの》**

お店の**建物**が賃貸《ちんたい》ではなく、所有している場合、建物も資産です。

資産 ＝ 現金が姿を変えたもの、いずれ現金になるもの

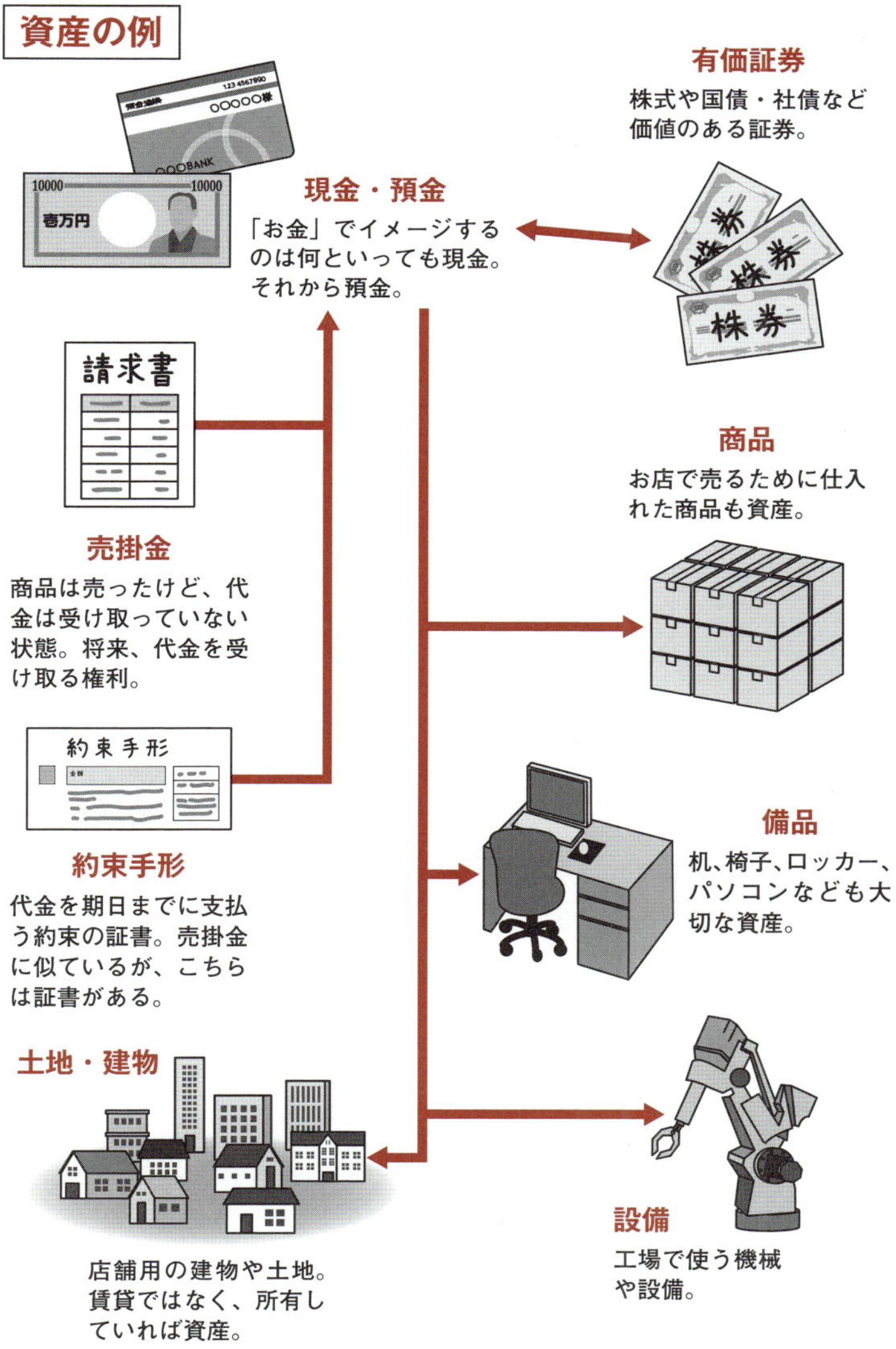

流動資産・固定資産

資産は大きく、流動資産と固定資産の2つに分けられます。

現金、売掛金、商品など短い期間（通常は1年以内）で現金に変わる資産を流動資産《りゅうどうしさん》といいます。

これに対して、備品や建物のように、長期間（1年以上）にわたって所有して、使用する資産のことを固定資産《こていしさん》といいます。固定資産では減価償却《げんかしょうきゃく》（41、164ページ）をします。

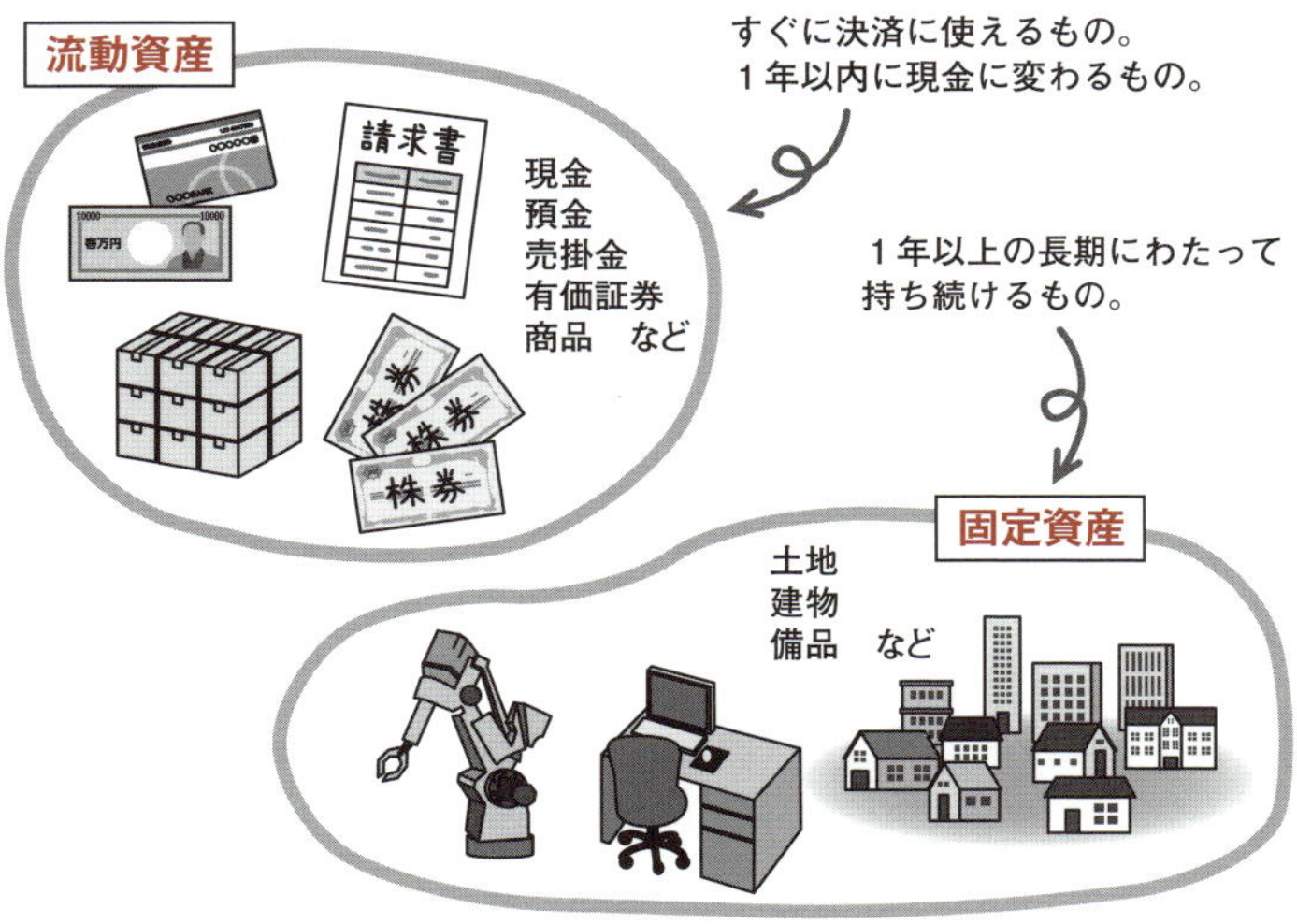
流動資産
すぐに決済に使えるもの。
1年以内に現金に変わるもの。
請求書
株券
現金
預金
売掛金
有価証券
商品　など
1年以上の長期にわたって
持ち続けるもの。
固定資産
土地
建物
備品　など

Column ❶

仕入諸掛《しいれしょがかり》・付随費用《ふずいひよう》

何かを買ったとき、商品代金以外に、送料や手数料、取付費用などがかかることがあります。

このとき、お客さんに売る商品の仕入れにかかる送料や手数料を**仕入諸掛**といいます。会社で使う備品などを買ったときにかかる送料や手数料は**付随費用**といいます。

これらは、購入した資産の金額に含めます。例えば、エアコンが10万円で、送料と取付費用が1万円だったら、エアコンを11万円で買ったと考えるのです。

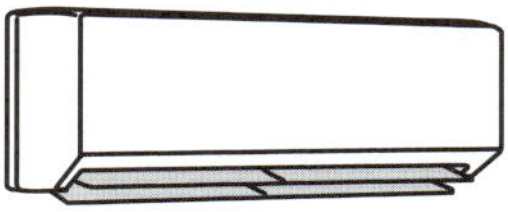

エアコン	10万円	
送　料	3千円	付随費用
取付費用	7千円	付随費用
合　計	11万円	

② 費用（ひよう）

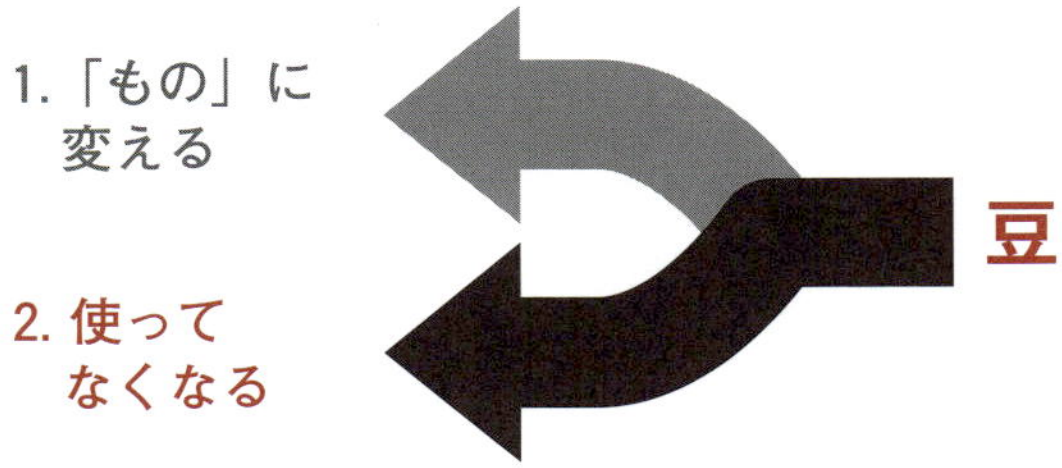
1.「もの」に変える
2. 使ってなくなる
豆

「魔法の豆」を種《たね》として畑に埋めてしまうと、豆は手もとからなくなります。このように、なくなってしまう豆（お金）の使い方を**費用**《ひよう》といいます。

バス料金を払ったり、ランチを食べたり、入場料を払ったりすると、お金がなくなります。これらはすべて費用です。

消しゴムを買うのは、「もの」を買っているので、厳密《げんみつ》には資産です。しかし、金額が小さいので、買った瞬間《しゅんかん》になくなったと考えて費用にします。

費用のいろいろ

■**支払地代《しはらいちだい》・支払家賃《しはらいやちん》**

他人の所有している土地や建物を借りたときに支払う対価です。

■**支払利息《しはらいりそく》**

銀行などから借りたお金に対して支払う利息です。

■**支払手数料《しはらいてすうりょう》**

お客さんを紹介してもらうなど、商売を助けてもらったときに支払う対価です。

■**保険料《ほけんりょう》**

建物の火災保険などの支払額のことです。地代、家賃、利息などは、受け取ることも支払うこともあるので、「支払○○」という名前です。しかし、保険料は、常に支払うものなので、単に「保険料」とします。

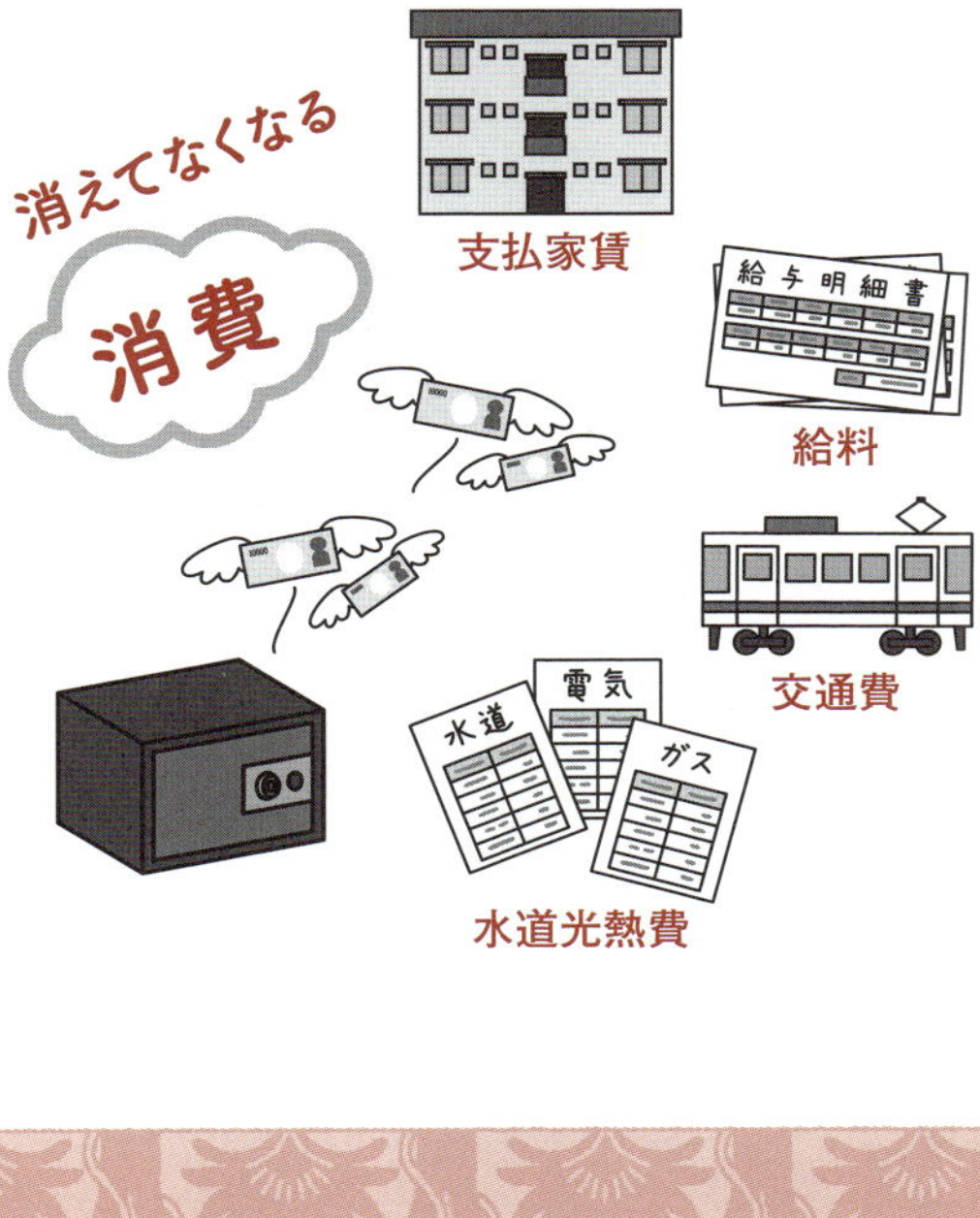
消えてなくなる
消費
支払家賃
給与明細書
給料
交通費
水道
電気
ガス
水道光熱費

■**給料**《きゅうりょう》

個人にとっての給料はもらうものですが、簿記は会社の立場で考えるので、給料は支払うものです。給料も「支払給料」ではなく、単に「給料」とします。

■**旅費交通費**《りょひこうつうひ》

営業や出張で出かけるときの交通費や宿泊費のことです。

■**通信費**《つうしんひ》

電話代、切手代、インターネット接続料などのことです。切手を使わずに持っている場合は、「貯蔵品《ちょぞうひん》（資産）」として扱います。

■**消耗品費**《しょうもうひんひ》

ノート類、コピー用紙などの事務用品代金のことです。使い切らずに残った分を**消耗品（資産）**とすることもあります。

■**水道光熱費**《すいどうこうねつひ》

電気・ガス・水道料金のことです。

■**広告宣伝費**《こうこくせんでんひ》

新聞広告、テレビCM、チラシ、ポスターなど、広報・宣伝の費用です。

■**有価証券売却損**《ゆうかしょうけんばいきゃくそん》

値下がりした有価証券（株式《かぶしき》、国債《こくさい》など）を売却したときに発生する損失《そんしつ》のことです。例えば、株式を千円で買って8百円で売ったとすれば、差額の2百円が

有価証券売却損となります。

■**固定資産売却損**《こていしさんばいきゃくそん》

土地、建物、備品などの固定資産を、帳簿より安い価格で売ったときの差額のことです。

■**減価償却費**《げんかしょうきゃくひ》

建物や備品などの固定資産は、長い使用期間のうちに、少しずつ消耗《しょうもう》していきます。

お金を使ってなくなるのが費用であるように、「資産が消耗する＝費用が発生する」と考えて、消耗分を**減価償却費**とよびます（164ページ）。

減価償却のイメージ

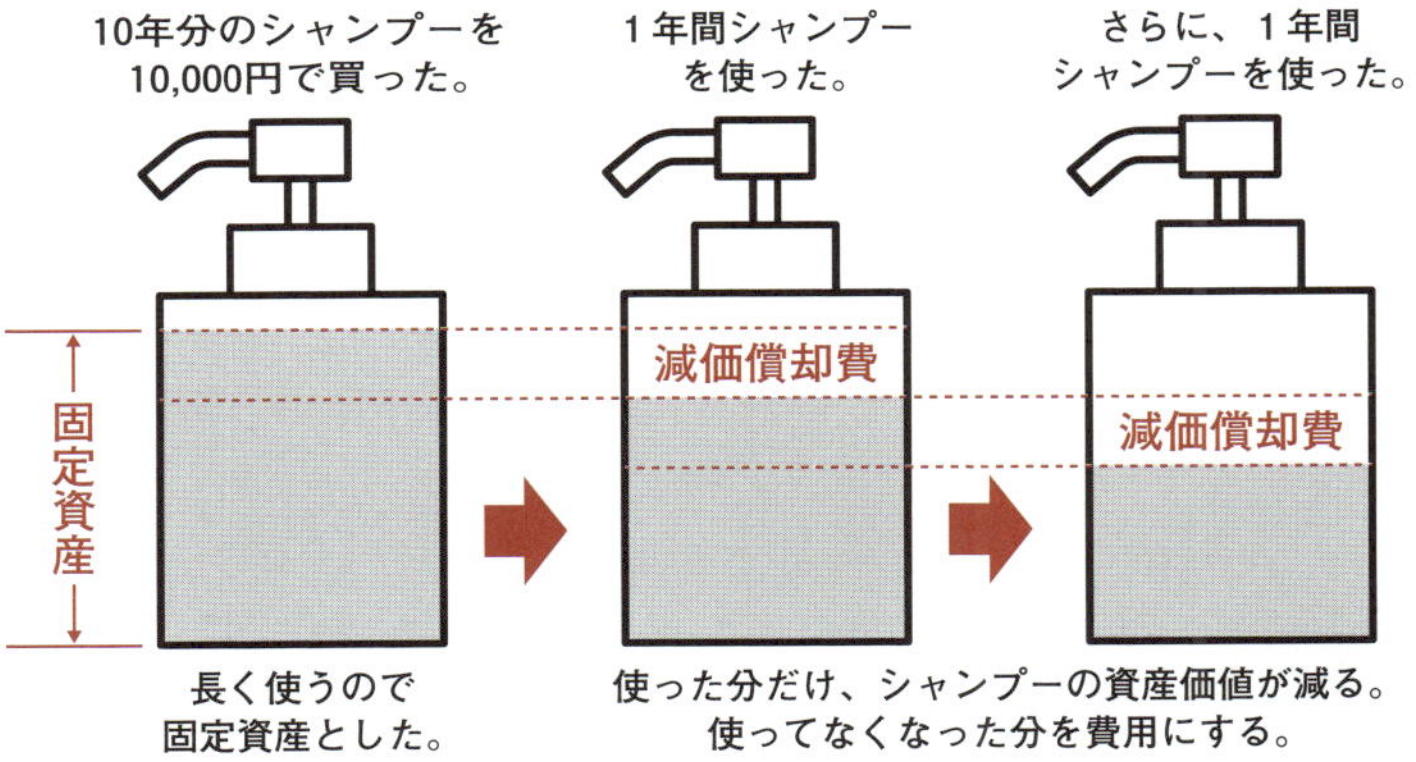

補足

資産と費用の曖昧《あいまい》な関係

「あなたにとって私は友達なの？　恋人なの？」そんな台詞《せりふ》をいわれてみたいような、みたくないような……。どんなことでも白黒つけるというのは難しいようで。しかし、だからといって、曖昧《あいまい》なままにしておくのも気が揉《も》めるものです。

簿記でいえば、資産と費用の関係ほど曖昧なものはないでしょう。

例えば、手紙を出すときに切手を貼ると、その切手代は**通信費**《つうしんひ》という費用です。しかし、すぐには使わない切手を大量に持っているとき、その切手は**貯蔵品**《ちょぞうひん》という資産になります。

文房具も同じです。使ってしまったと

考えるときは、「消耗品**費**」という費用にしますが、たくさん残っていると考えるときは、「消耗品」という資産にします。

仮に、10年使える大きな消しゴムを買ったとしましょう。消しゴムだから費用だろうと思っていたら、いやいや、10年も使えるなら資産だろうという人もいるわけです。

パソコンは、かつては例外なく資産とされていましたが、価格が安くなったり、モデルチェンジが早くなったりしたために、費用にされることも多くなりました。

減価償却

建物や備品は、どう考えても資産です。しかし、建物や備品も、時間の経過とともに消耗して、いずれは使えなくなってしまいます。消耗するということは、費用になるということです。

ただ、建物や備品がどれくらい消耗したかは、正確にはわかりません。そこで、だいたい何年使えるかを見積もって、その期間にわたって、均等に消耗するものと考えます。そして、毎年、その消耗分を、資産から費用に切り替える手続きをします。これを**減価償却**（164ページ）とします。

いいます。

資本的支出と費用的支出

　そのほかに、自動車や建物を修理・改良したときにかかった金額を、資産にするか、費用にするかが問題になることがあります。壊れたものを元に戻すときは「修繕費《しゅうぜんひ》」という費用にしますが（**費用的支出**）、それによって自動車や建物の価値が高くなるときは資産とします（**資本的支出**）。

　例えば、虫歯を治すためにかかる金額は費用的支出ですが、歯並びを治すためにかかる金額は資本的支出です。顔のけがを治すための手術は費用的支出ですが、前より美人になってしまったら資本的支出です。

　教育支出が費用（費用的支出）か投資（資本的支出）かという問題もあります。教育を教養・娯楽と考えれば費用的支出ですし、かしこくなった分、人の資産価値が高くなると考えれば資本的支出です。一般には、教育への支出は費用とされています。

　日本庭園に池を掘っていて、池の形が気に入らないので、何度も池を掘り直したところ、帳簿上の池の資産価値がとても大きくなったという話があります。掘り直すたびに池の形が良くなるので、資本的支出とされたからです。ただの穴なのですが……。

費用⇕資産の変更

いったん資産にしたものを、あとで費用にしたり、最初に費用にしたものをあとで資産にしたりと、変更することもあります。

代表的なのは消耗品です。買ったときに「消耗品（資産）」として、使った分だけ「消耗品**費**（費用）」にするという方法もありますし、買ったときには「消耗品**費**（費用）」としておいて、残った分を「消耗品（資産）」とする方法もあります。

同じように、商品を仕入れるときにも、仕入れた商品を**商品（資産）**とする方法と、「どうせ売って手放してしまうのだから」という理由で**仕入（費用）**とする方法があります。前者を**分記法**《ぶんきほう》、後者を**三分法**《さんぶんぽう》（156ページ）といいます。

分記法は直感的にわかりやすいのですが、三分法はイメージしにくいので、簿記をはじめて学習するときに、つまずきやすいポイントの1つです。

「魔法の豆」を手に入れる3通りの方法

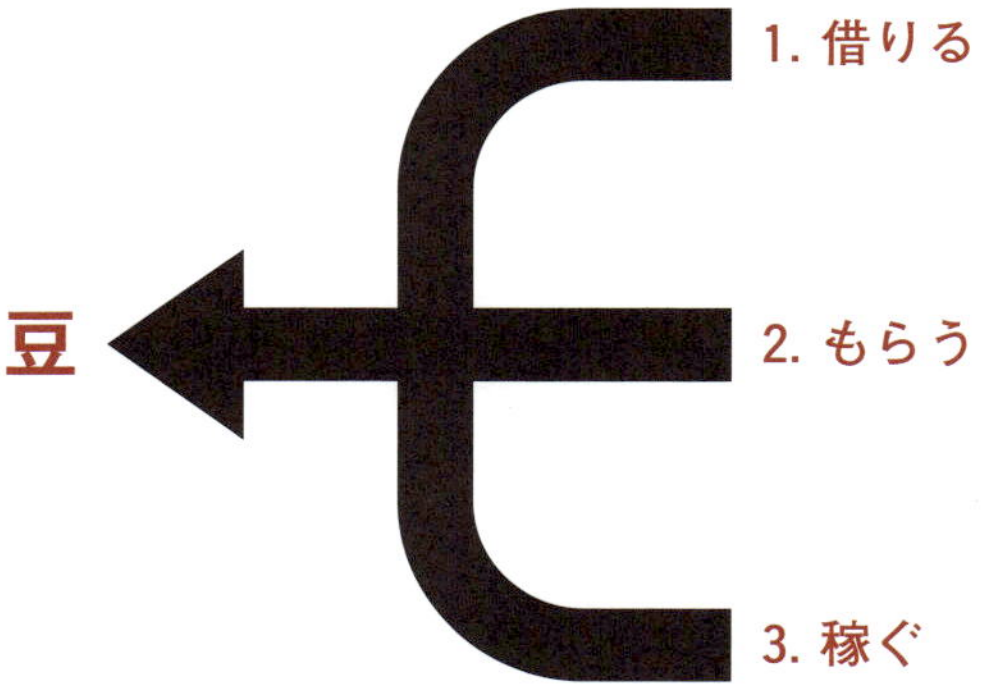

「魔法の豆（お金）」を手に入れる方法には3通りあります。

1つめは、魔法使いのお婆さんに借りる方法です。この場合、豆はあとで返さないといけません。返さなくてはいけない豆を**負債**《ふさい》といいます。

2つめは、魔法使いのお婆さんからもらう方法です。もらった豆は返す必要はありません。これを**資本**《しほん》といいます。タダでもらえるなんて都合《つごう》のいい話はないと思うかもしれません。そのとおりです。それについては、あとで説明します。

最後の1つは、自分で豆を育てて収穫する方法です。自分で稼《かせ》いだ豆を**収益**《しゅうえき》といいます。

私たちが何か（資産）を買ったり、電車に乗ったり、ランチを食べたりするためにお金を使うとき、そのお金には必ず「出所《でどころ》」があるはずです。自分の子どもが見たこともないゲーム機で遊んでいたとき、お母さんは、「そのゲーム機、どうしたの？」と聞きます。

政治家が多額の現金を持っているのを知ったとき、マスコミは、「そのお金、どうしたの？」と聞きます。誰かに借りたのか、もらったのか、自分で手に入れたのかという意味です。

私たちは、何にお金を使ったか、何を持っているかというだけではなく、どうやって手に入れたのかにも興味を持っているのです。

あのゲーム機、
どうしたのかしら？

ゲーム機（資産）がある ＝ 出所（負債・資本・収益）がある

① 負債（ふさい）

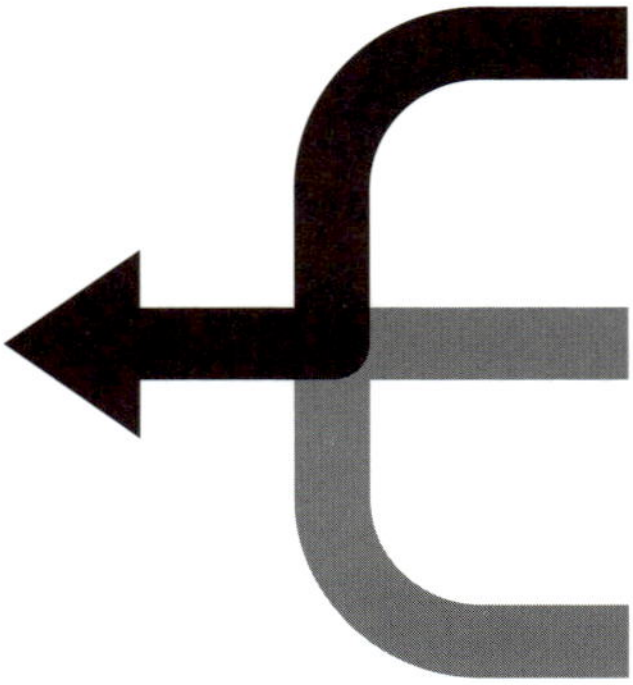

「債」は「にんべん」に「とげ（朿）」と「かい（貝）」を組み合わせた字です。貝は貨幣の「貨」や「財」に使われるように、お金を表します。ですから、「債」は、朿のように先のとがったもので、お金の支払いや返済を催促するという意味の文字です。

負債《ふさい》というのは、債を負う、つまり、先のとがったもので「金払え」「金返せ」とツンツンされる立場にあるという意味です。逆にツンツンする権利を**債権**《さいけん》といいます。債権は資産です。

資産が手もとに持っているものの一覧表だとすると、負債は、払わなければいけない、返さなければいけないものの一覧表というイメージです。

負債のいろいろ

■借入金《かりいれきん》

銀行などから借りたお金、つまり借金のことを**借入金**といいます。負債のイメージに一番近いですね。

■買掛金《かいかけきん》

「売掛金（資産）」の反対で、商品を仕入れたけれど、まだ代金を払っていない状態を**買掛金**といいます。いわゆる「ツケ」で買ったということです。

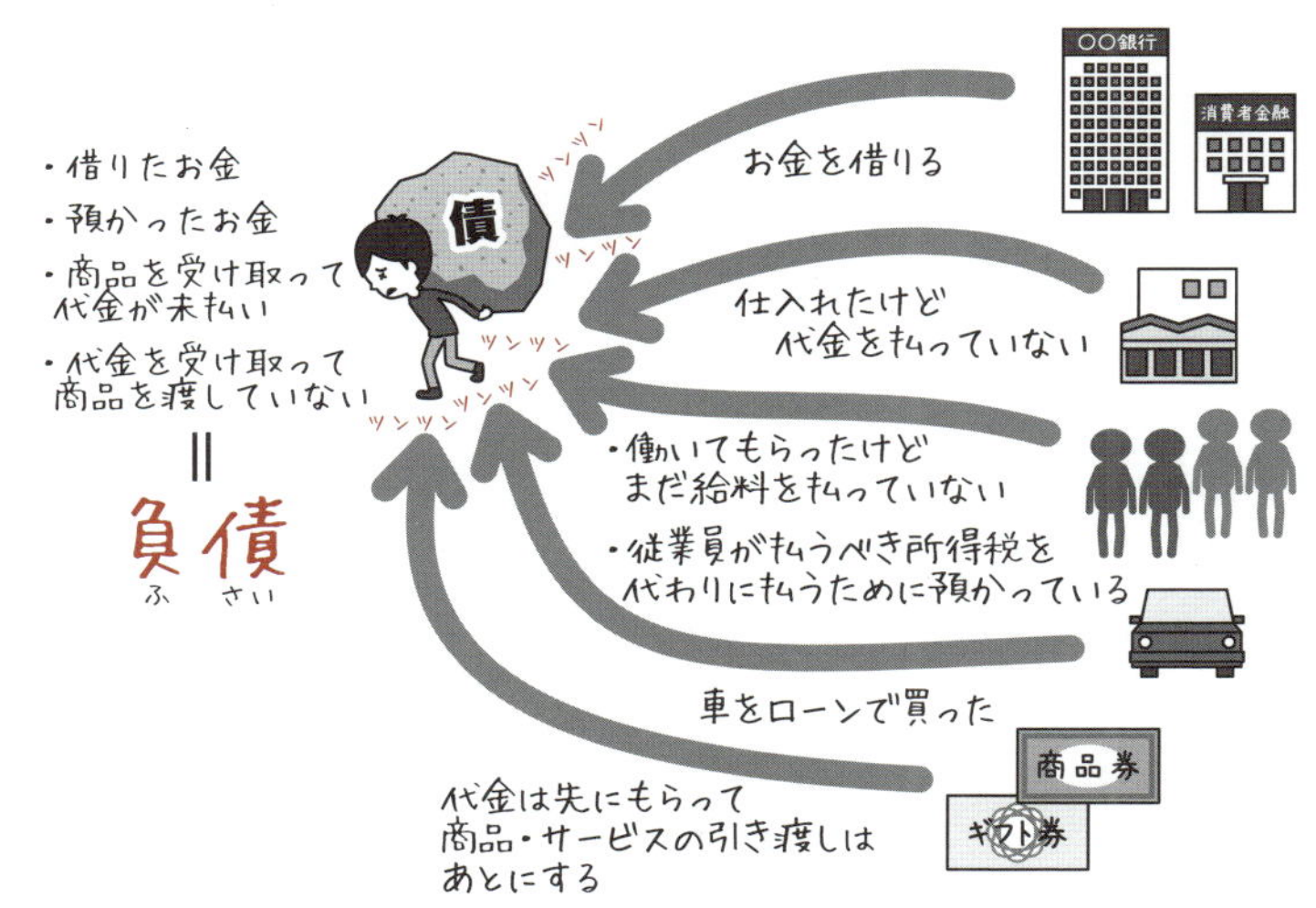
・借りたお金
・預かったお金
・商品を受け取って代金が未払い
・代金を受け取って商品を渡していない
＝
負債《ふさい》
債
ツンツン
〇〇銀行
消費者金融
お金を借りる
仕入れたけど代金を払っていない
・働いてもらったけどまだ給料を払っていない
・従業員が払うべき所得税を代わりに払うために預かっている
車をローンで買った
商品券
ギフト券
代金は先にもらって商品・サービスの引き渡しはあとにする

■**未払金**《みばらいきん》

商品を仕入れて代金を払っていないのは買掛金ですが、商品以外の場合には**未払金**といいます。車をローンで買う、パソコンなどを買って代金は後払《あとばら》いにする、などです。

未払いという意味では、買掛金も未払金も本質は同じですが、**本業に関わる未払いと、本業以外の未払いを区別**するために使い分けます。

■**支払手形**《しはらいてがた》

約束手形によって、代金を支払う義務を負っている場合、これを**支払手形**といいます。

■**前受金**《まえうけきん》

代金を先に受け取ったけれども、商品の引き渡しをしていないという場合、これを**前受金**といいます。将来、商品を引き渡す義務（負債）があります。

■**商品券**《しょうひんけん》

百貨店などが商品券を売っている場合、**商品券**を売って手に入れたお金は、商品を売ったときの売上《うりあげ》とは違います。商品券を売るということは、将来、商品を引き渡す義務（負債）が発生するということです。商品券を売って「儲かった」と思っていたら、たいへんなことになります。

■預《あずか》り金《きん》

負債の仲間に**預り金**があります。「預かっているのに借金?」と思うでしょうが、いずれ返さなくてはならない他人の所有物を一時的に持っているという状況は、「預かる」も「借りる」も同じです。

上から目線で見れば「預かる」、下から目線で見れば「借りる」となるわけです。銀行にお金を「預けている=貸している」ですし、銀行は預金者のお金を「預かっている=借りている」のです。

そういえば、漫画「ドラえもん」の中に、ジャイアンがスネ夫のおもちゃを取り上げて「俺が預かっといてやる」というシーンがあったような気がします。

資産家殺人事件
支払期限 ○年○月○日
支払期限 ○年○月○日
支払期限 ○年○月○日
返済期限 ○年○月○日
支払期限 ○年○月○日
資産は持っているが、全部借りものだな

② 資本〔純資産〕
（しほん〔じゅんしさん〕）

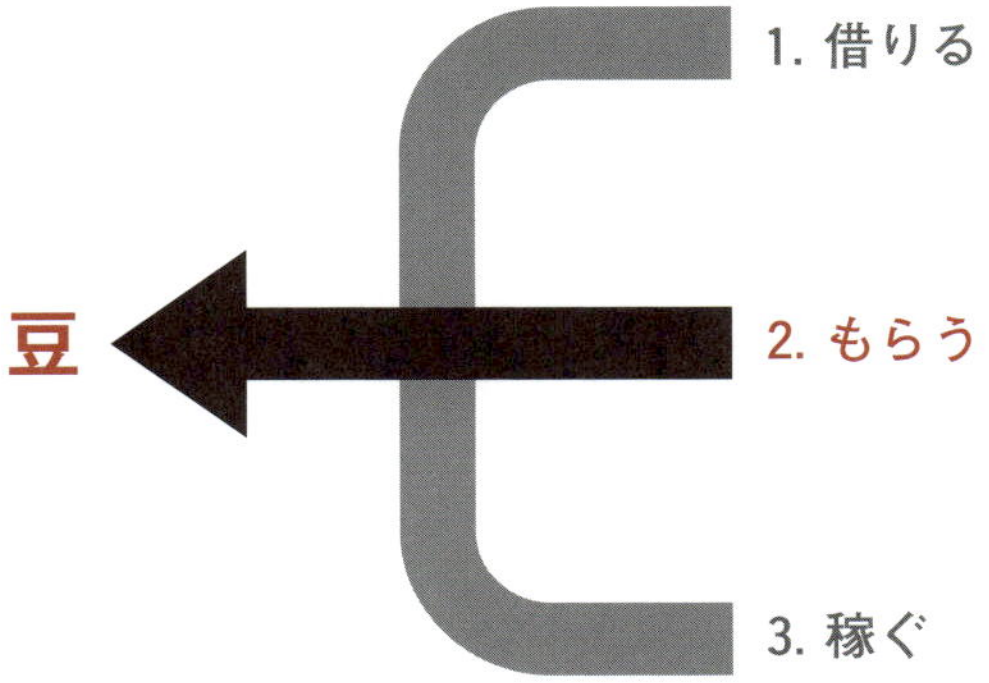

商売の元手《もとで》となる豆（お金）のことを**資本**《しほん》といいます。「資本」と「資産」は似ていますが、別物です。さらに面倒《めんどう》なことに、資本のことを**純資産**《じゅんしさん》ともいいます（54ページ）。混乱しやすいので、気をつけましょう。

資本は負債と同じで、お金の出所を表しますが、負債と違って、返済の義務がありません。さらに、負債には、利息の支払義務がありますが、資本にはありません。つまり、資本とは、無期限・無利息の借金、言い換えれば「もらった」お金なのです。

このような都合のいい、お金（豆）を

手に入れられるのには理由があります。それは**配当**《はいとう》です。配当とは、利益の分け前のことです。会社の儲けを、資本を出した人（出資者）で分けます。その分け前が欲しくて資本を出す人がいるのです。

また、出資者は、出した資本を返してもらうことはできませんが、配当を受け取る権利（**株式**《かぶしき》）を、他の人に売ることができます。そうすることで、出資したお金を取り戻すことができるのです。

会社はお金を返さず、出資者はお金を取り戻せるというわけです。『魔法の書』に書くのも変ですが、まるで魔法のようです。

「永遠に借りておく」というのは、
「もらう」ということ

資本のいろいろ

■資本金《しほんきん》

資本の代表です。出資者が会社に「これを元手に商売をしてください。返済不要、利息も不要、でも儲かったら分け前をくださいね」と提供したお金です。

■当期純利益《とうきじゅんりえき》

収益と費用の差額を**当期純利益**といいます。要するに「儲《もう》け」です。これは出資者に分けるのが原則です。

しかし、会社をもっと大きくしたいと思うときには、出資者に配らずに、元手として資本金の中に組み入れてしまうこともあります。こうして、利益を配当せずに会社の中に残しておくことを**内部《ないぶ》留保《りゅうほ》**といいます。

「資本」のよび方

資本は、「手に入れた資産のうち、返済義務のない部分」という意味で**純資産《じゅんしさん》**ともよばれます。また、「返さなくてもよい＝自分のもの」という意味で**自己資本《じこしほん》**ともよばれます。

これに対して、負債は「他人資本《たにんしほん》」とよばれます。

さらに、負債（他人資本）と自己資本を合わせたものを**総資本《そうしほん》**とよびます。

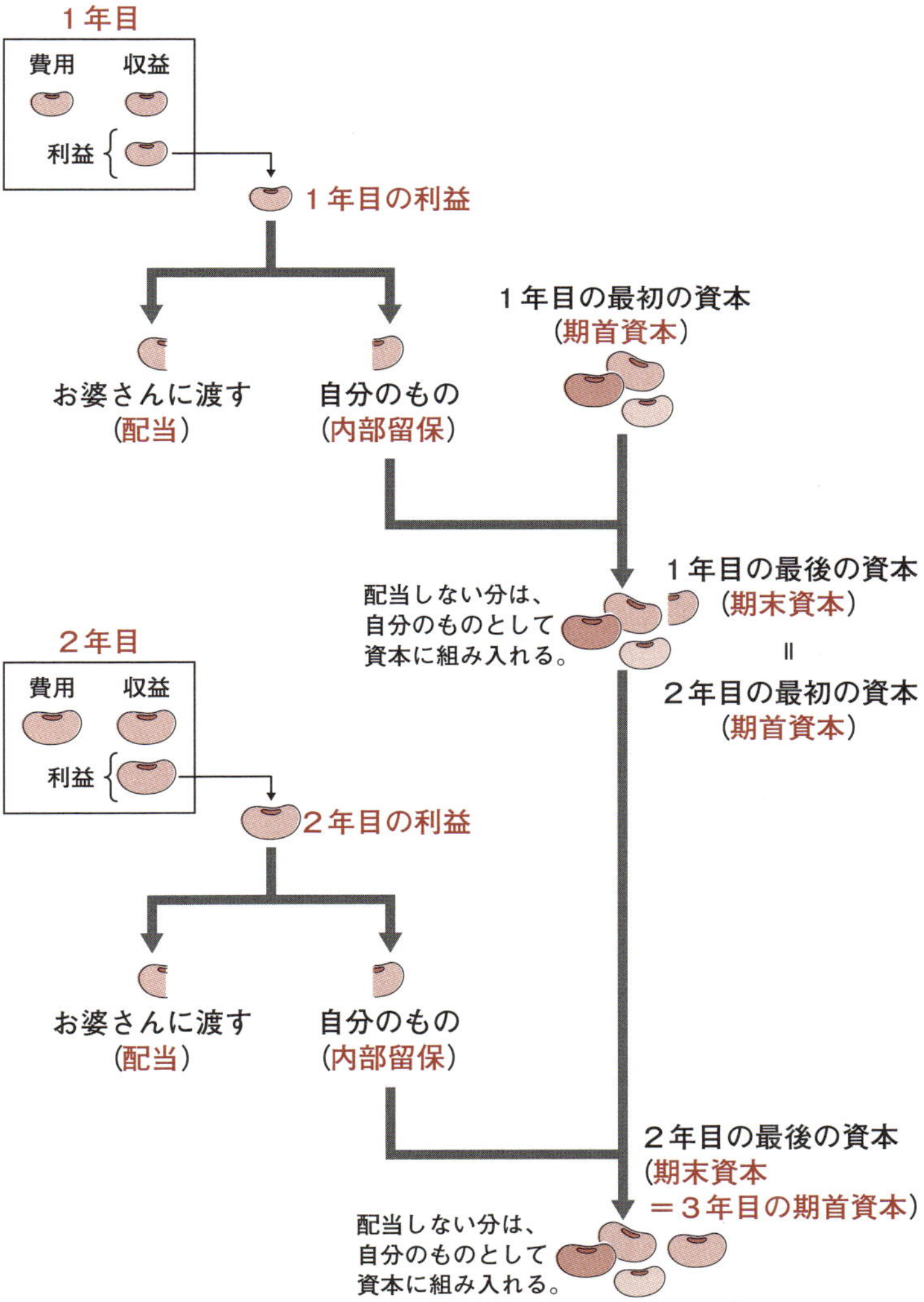

利益を資本に組み入れながら、会社は成長する

政治家が受け取るお金

政治家が企業などからお金を受け取って問題になることがあります。

このとき、政治家がいう台詞は「もらったんじゃない、借りたんだ」です。そして、借用証書を見せます。しかし、それには返済期限も利率《りりつ》も書かれていません。つまり、無期限、無利息で借りたというわけです。

もうおわかりですね。それを「もらった」というのです。

「魔法の豆」を手に入れる3通りの方法

③ 収益（しゅうえき）

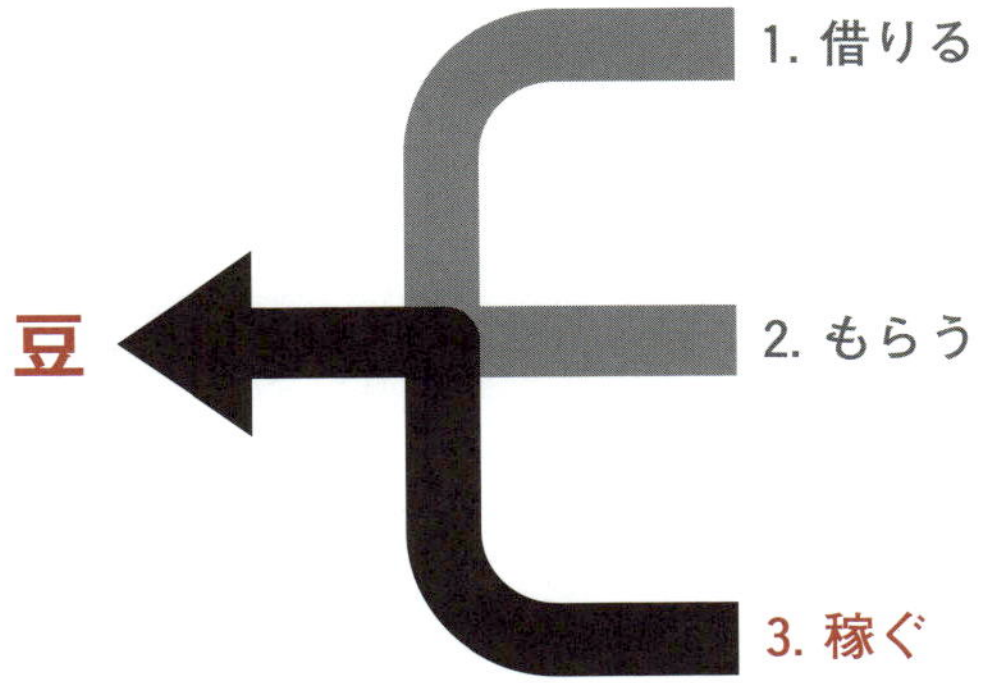

自分で育てて収穫した豆のことを**収益**《しゅうえき》といいます。収穫するためには、種となる豆が必要なように、収益を得るためにも、あらかじめ犠牲《ぎせい》を払う必要があります。この犠牲を**費用**といいます。そして、収穫（収益）から種（費用）を引いた残りが正味《しょうみ》の儲けです。これを**利益**《りえき》といいます。

　収益と利益は、名前が似ていますし、意味も似ています。例えば、次に挙げる収益のうち、「売買益」や「売却益」とつくものは、「売った価額－買った価額」で計算されるので、利益に見えます。しかし、商売では、仕入れにかかった金額のほかにも、広告宣伝費や通信費、支払家賃、給料など、たくさんの費用がかかります。**収益の合計から、これら費用の合計を差し引いた残りが利益**です。

収益のいろいろ

■商品売買益《しょうひんばいばいえき》

商品を売ったときに得る、仕入価額と販売価額の差額のことです。

■受取地代《うけとりちだい》・受取家賃《うけとりやちん》

会社が所有している土地や建物を他人に貸したときに受け取る対価のことです。

■受取利息《うけとりりそく》

銀行預金や他の人に貸し付けたお金に対して受け取った利息です。

■受取手数料《うけとりてすうりょう》

本業以外で、ビジネスの仲介などをした場合にもらった手数料です。

■有価証券売却益《ゆうかしょうけんばいきゃくえき》

値上がりした有価証券を売却したときに発生する収益のことです。例えば、株式を8百円で買って千円で売ったとすれば、差額の2百円が**有価証券売却益**となります。

■固定資産売却益《こていしさんばいきゃくえき》

土地、建物、備品などの固定資産を、帳簿《ちょうぼ》価額《かがく》より高く売ったときの差額のことです。

Column ❸

利益は6人目の戦士

1975年放送開始の「秘密戦隊ゴレンジャー」以降、子どもたちに人気のスーパー戦隊シリーズは、一部を除いて、赤・青・黄・桃・緑の5人組が基本でした。

しかし、ある時期（恐竜戦隊ジュウレンジャー）から、6人目の戦士が登場するようになりました。スーツの色は金・銀・黒・白が多いようです。

まわりくどくなりましたが、「帳簿戦隊ボキレンジャー」がいたとして資産・負債・資本・収益・費用が5人の戦士だとすると、利益は6人目の戦士の位置づけだということです。

利益は簿記には欠かせない重要な概念ですが、基本の5要素には含まれません。5要素の相互作用から生み出されるスペシャルな存在なのです。

Column ❹

占いのお礼

　ある占い師のところに、占いのおかげで商売がうまくいったという人がお礼のお金を持ってきました。これは占いの報酬《ほうしゅう》、つまり収益にあたります。

　はじめ、占い師は、「受け取るわけにはいきません」と断りました。そして少し間《ま》があって、「でも、あなたの気持ちもあるでしょうから、預かっておきましょう」といいました。預かっておくのなら、これは「負債」になります。

　しかし、「返してくれ」とはいわれないでしょう。つまり、もらってしまったのです。これは「資本」になります。

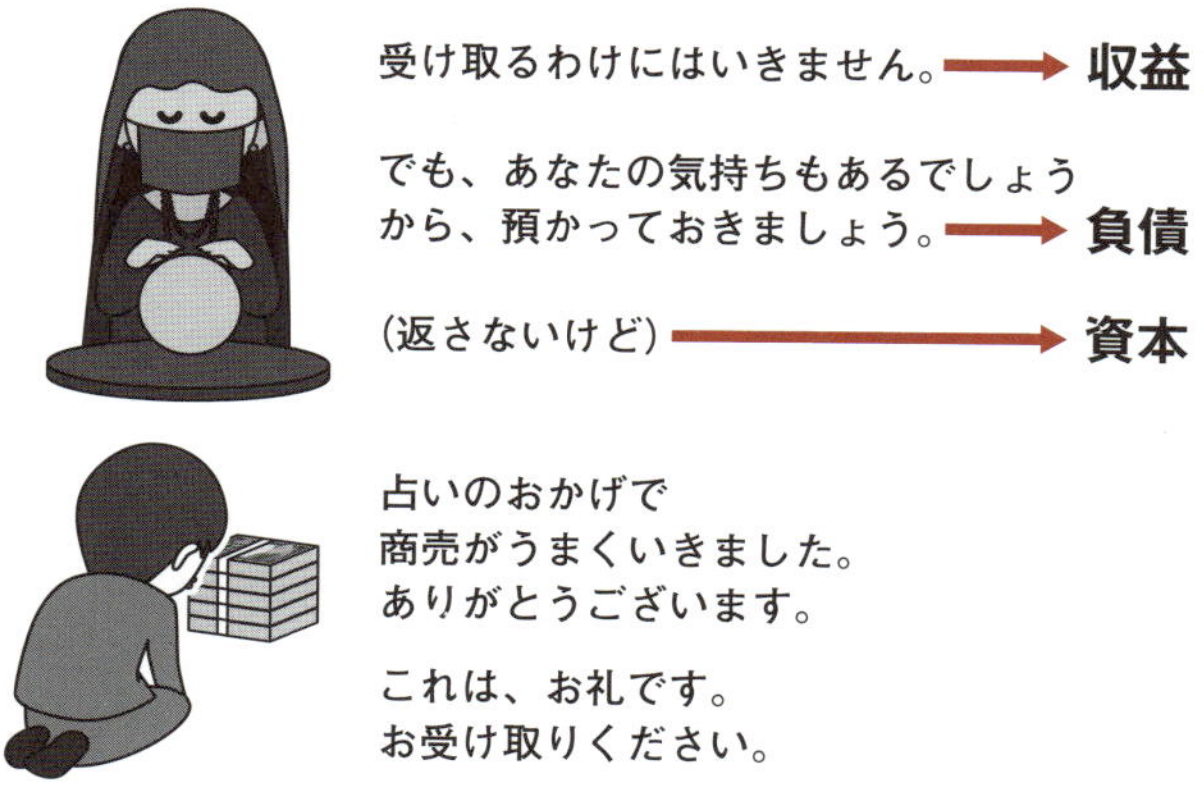
受け取るわけにはいきません。→収益
でも、あなたの気持ちもあるでしょうから、預かっておきましょう。→負債
(返さないけど)→資本
占いのおかげで商売がうまくいきました。ありがとうございます。
これは、お礼です。お受け取りください。

簿記ものがたり❷

豆を手に入れた方法を3つに分けて、
豆の使い道を2つに分けると、
こんなふうになるね。

「シサン フサイ シホン シュウエキ ヒヨウ」は
「**資産・負債・資本・収益・費用**」
のことなんだね。

かしこいルカよ。
魔法（簿記）の世界は、これらの5つの要素《ようそ》
から成り立っておるのじゃ。
そして、おまえのつくったこの表を
「**試算表**《しさんひょう》」というんだよ。
しっかり覚えておくがよい。

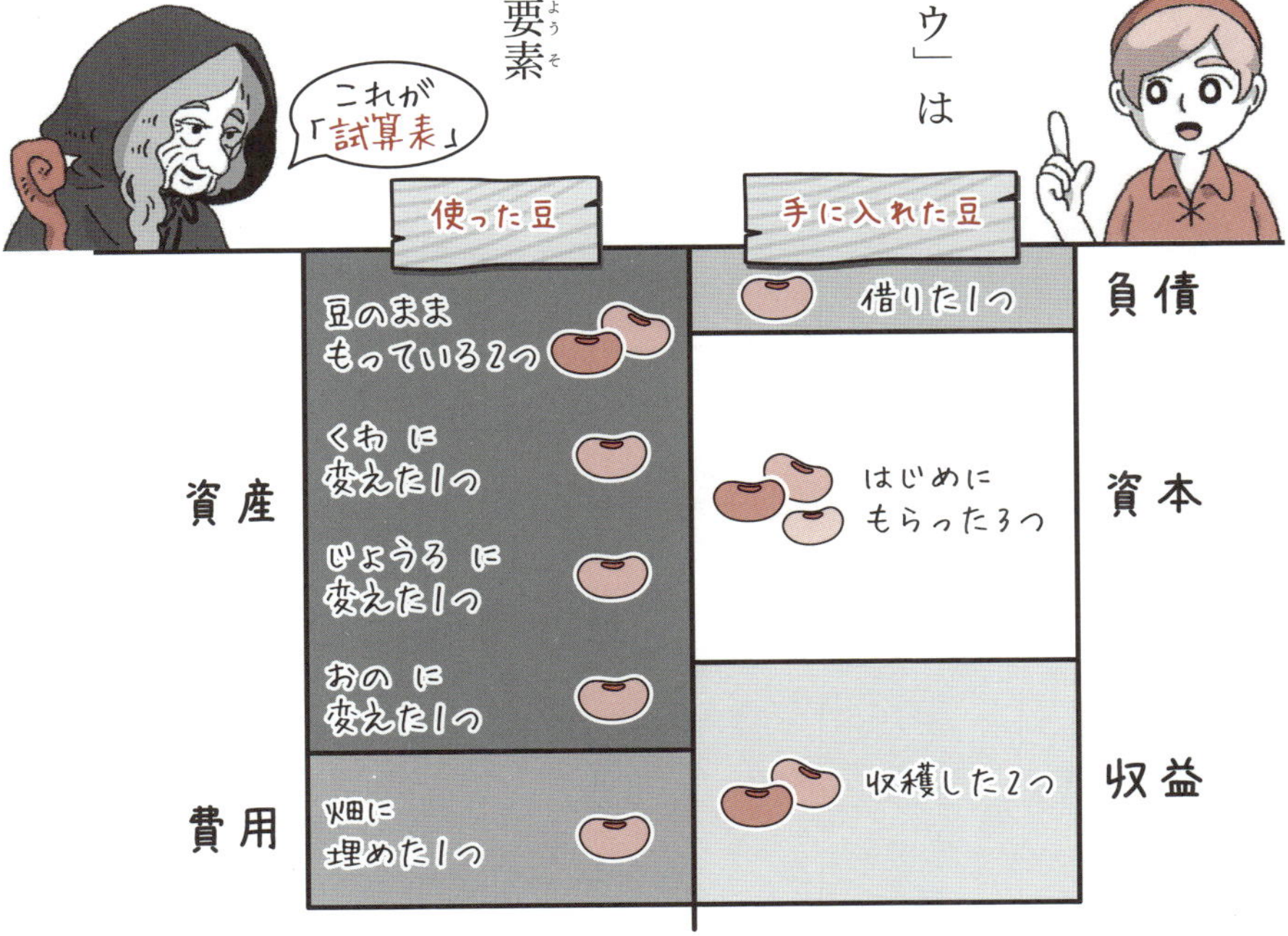
これが「試算表」
使った豆
手に入れた豆
豆のまま もっている2つ
くわ に 変えた1つ
じょうろ に 変えた1つ
おの に 変えた1つ
畑に 埋めた1つ
借りた1つ
はじめに もらった3つ
収穫した2つ
資産
費用
負債
資本
収益

Chapter 2

eeping

財務諸表と利益の計算

Bookk

それじゃあ、いよいよ、増えた豆の数を計算するよ。
そのためには、この**試算表《しさんひょう》**が重要じゃ。
まずは、試算表をよく見てごらん。

左側の「使った豆」の合計は6だね。
右側の「手に入れた豆」の合計も6。
同じ数になっているだろう。
これは「**貸借平均《たいしゃくへいきん》の原理《げんり》**」といって
魔法（簿記）の世界を支配する重要《じゅうよう》な法則《ほうそく》なのじゃ。

それから、もう1つ。
左上の資産から時計回りに、
「**資産↓負債↓資本↓収益↓費用**」となっておる。
これが5要素の定位置《ていいち》、ホームポジション。
この定位置をよく覚えておくのじゃ。

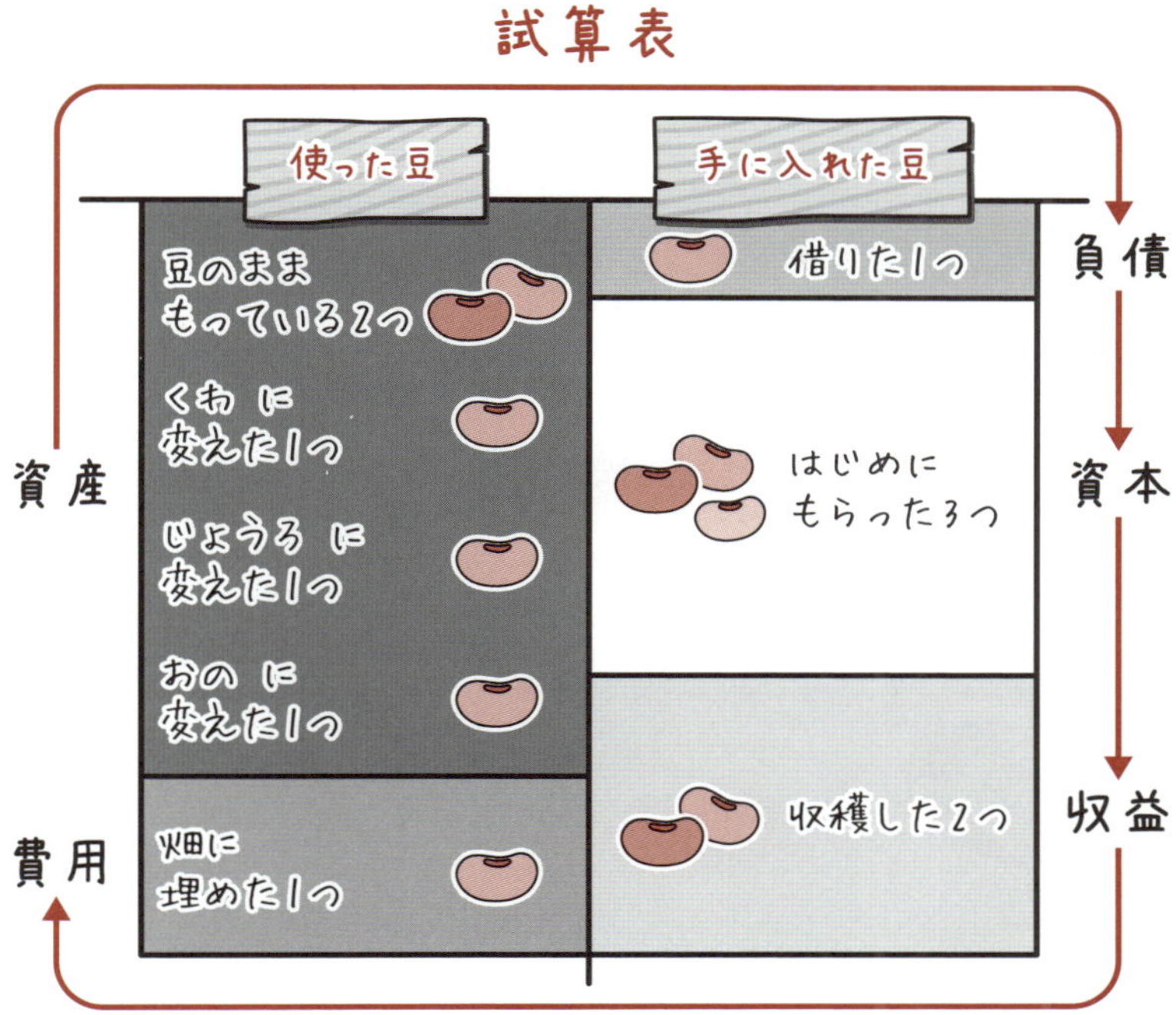
試算表
使った豆
手に入れた豆
豆のまま
もっている2つ
くわ に
変えた1つ
じょうろ に
変えた1つ
おの に
変えた1つ
畑に
埋めた1つ
借りた1つ
はじめに
もらった3つ
収穫した2つ
負債
資本
収益
資産
費用

1. 左右の金額が
一致している
ことを確認
2. 5要素の
定位置を確認

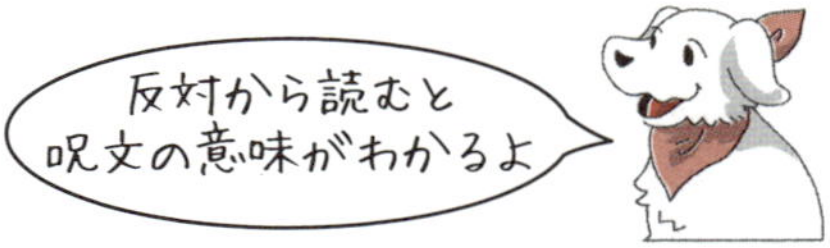
反対から読むと
呪文の意味がわかるよ

この試算表をこうするのじゃ。
見ておいで。

ロレワヨウョヒンサシ

お婆さんが呪文を唱《とな》えると……

試算表が2つに割れて……

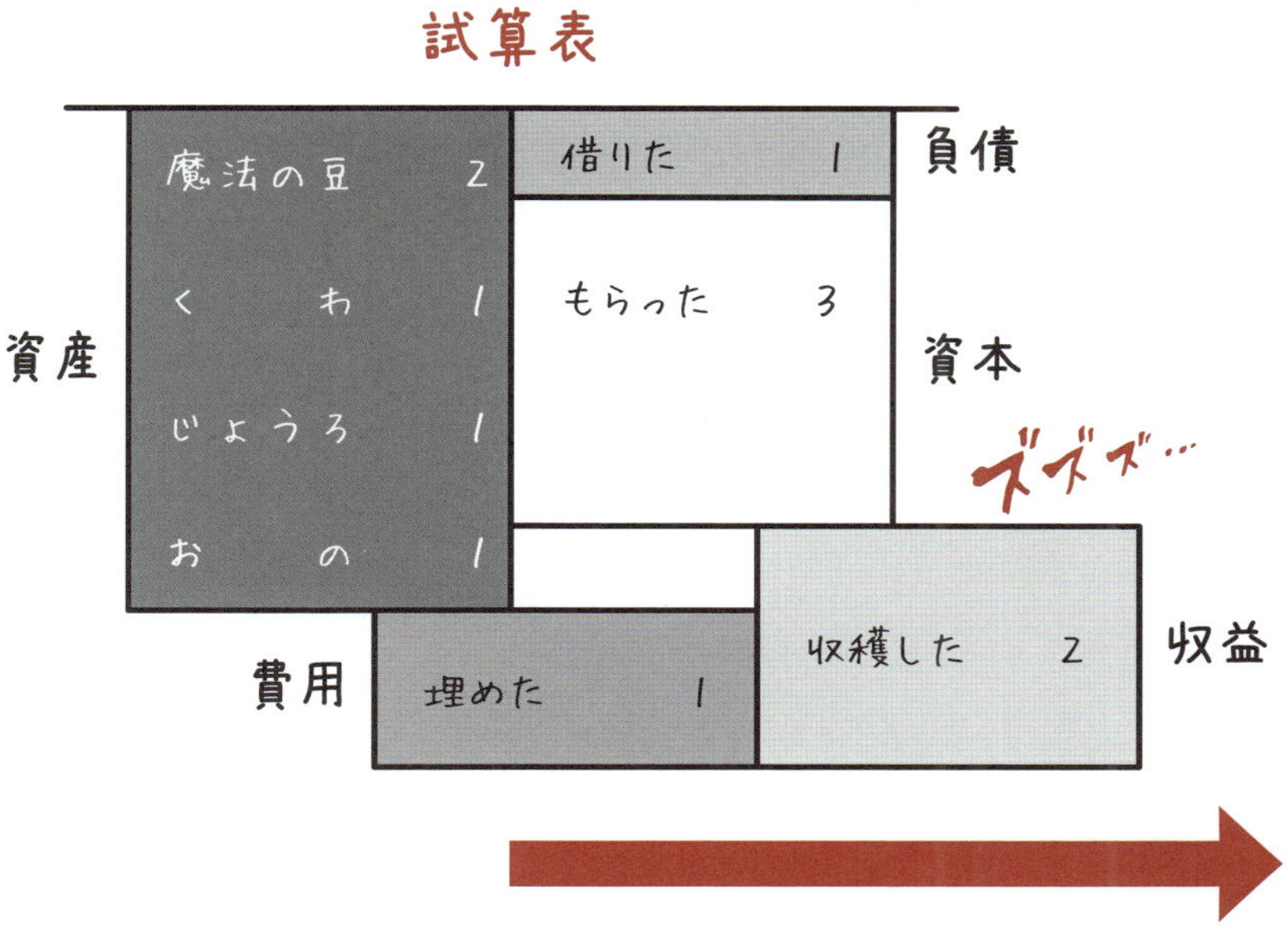
試算表
魔法の豆 2
くわ 1
じょうろ 1
おの 1
資産
借りた 1
負債
もらった 3
資本
ズズズ…
埋めた 1
費用
収穫した 2
収益

うあぁっ！
何が起こるの？

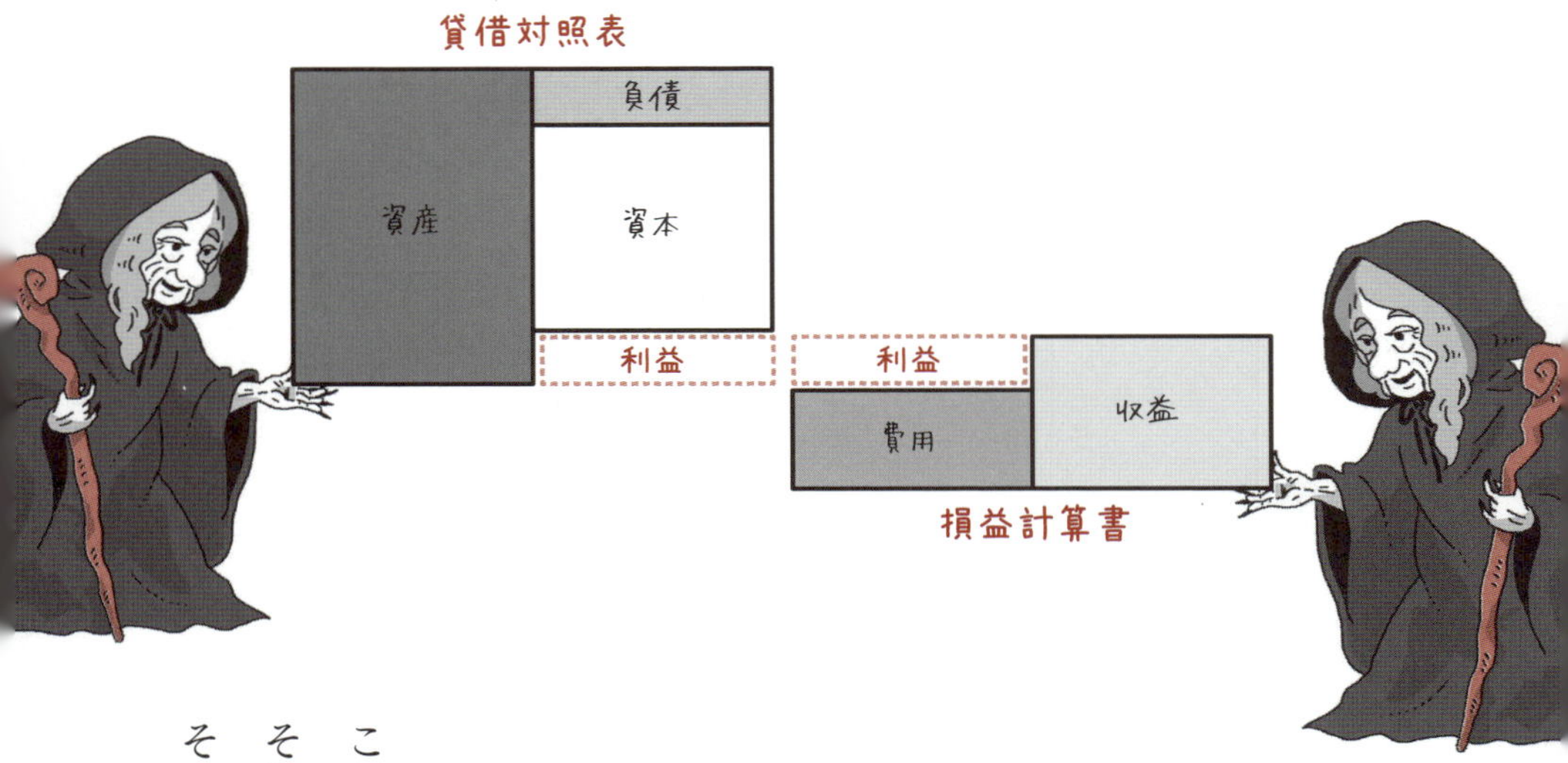

ほれ、2つの表に分かれたぞ。
こっちを「**損益計算書**《そんえきけいさんしょ》」。

こっちを「**貸借対照表**《たいしゃくたいしょうひょう》」というのじゃ。
そして、左右の均衡《きんこう》が崩れて段差ができるだろう。
その段差、欠けた部分が「**利益**《りえき》」じゃ。

損益計算書にも貸借対照表にも利益があるね。
でも、損益計算書の利益は左側、
貸借対照表の利益は右側だよ。
利益には定位置がないの？

ソンエキケイサンショ？
タイシャクタイショウヒョウ？
これも呪文かな？

不思議《ふしぎ》に思えるかもしれんが、
もともと1つだった試算表を2つに分けたのだからね。
当然、利益は反対側に出てくる。

この2つの表を合わせて「**財務諸表**《ざいむしょひょう》」というのじゃよ。

貸借平均の原理（たいしゃくへいきんのげんり）

天秤の**左側**に豆の2通りの使い方である**資産・費用**を、**右側**に豆を手に入れる3通りの方法である**負債・資本・収益**をのせると、天秤は必ず釣り合います。

これは魔法（簿記）の世界を支配する重要な法則で、**貸借平均《たいしゃくへいきん》の原理《げんり》**とよばれます。「貸」は**貸方《かしかた》（右）**、「借」は**借《かり》方《かた》（左）**という意味です。

あとで説明しますが、この原理を利用して、記帳《きちょう》の間違《まちが》いを見つけることができます。左右に区切った表の、左側に資産・費用を、右側に負債・資本・収益を、それぞれ記入すると、左右の金額は一致するはずです。均衡していなければ、何

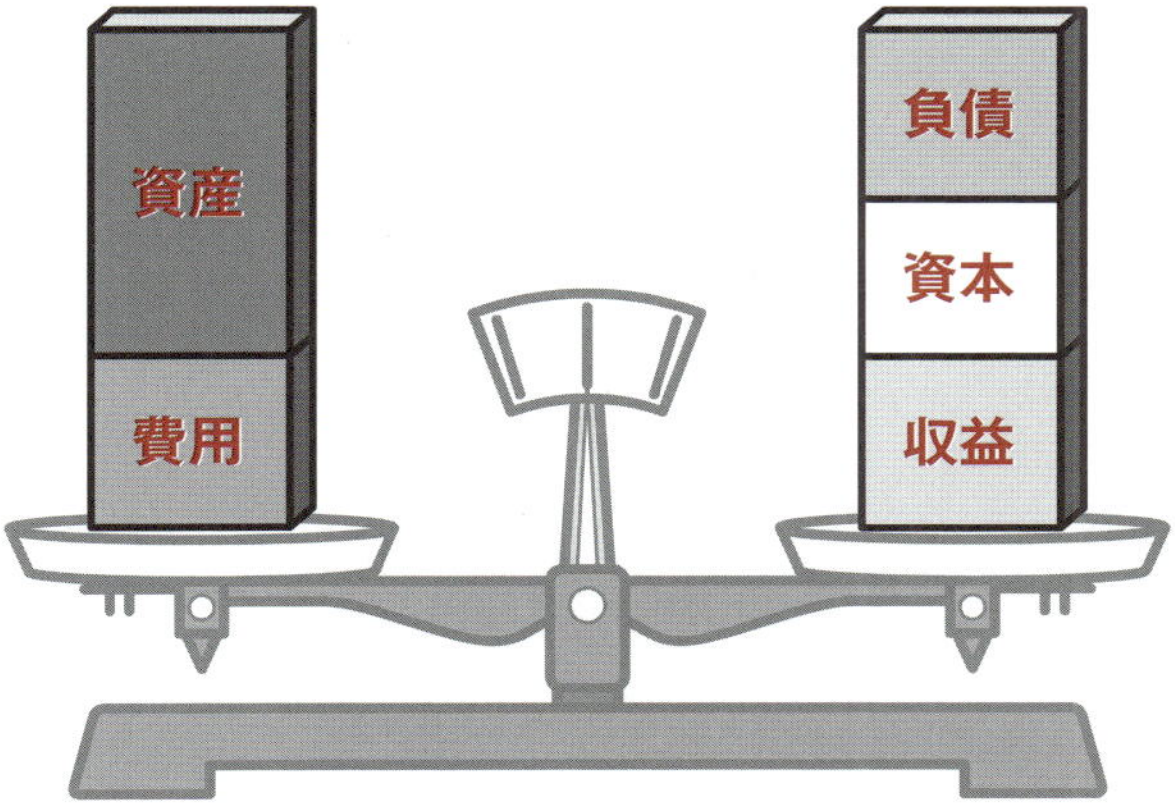

資産 ＋ 費用 ＝ 負債 ＋ 資本 ＋ 収益

か記帳のミスがあるはず、というわけです（142ページ）。

この表は、「ミスを発見するために試しに計算してみる表」という意味で**試算《しさん》表《ひょう》**とよばれます。また、左右の均衡を表した「**資産＋費用＝負債＋資本＋収益**」の式は**試算表等式《しさんひょうとうしき》**とよばれます。

常に左右の金額が均衡するのは、これもあとで説明する**取引《とりひき》の二面性《にめんせい》**（94ページ）と、その性質を利用した**仕訳《しわけ》**（110ページ）と**勘定記入《かんじょうきにゅう》**（126ページ）という2つの記帳手続きに秘密があります。

① 貸借対照表（たいしゃく たいしょう ひょう）

貸借対照表

20××年12月31日

資　産	金　額	負債および資本	金　額
魔法の豆	2	借りた	1
くわ	1	もらった	3
じょうろ	1	利　益	1
おの	1		
	5		5

資産・負債・資本から
つくられる表が
貸借対照表ですね

左に資産、右に負債と資本を書いた表を**貸借対照表**《たいしゃくたいしょうひょう》といいます。「貸借」、つまり、持っている資産（左）と、その資産を手に入れるためのお金の出所（右）を照らし合わせる表という意味です。この表は、**会社の財政状態**《ざいせいじょうたい》を表しています。

貸借対照表の「日付」に注目してください。この表は、この日に時間を止めて、その瞬間の状態を表しています。損益計算書と比べて、違いを確認しておきましょう。

通常、この表をつくるのは、1年の最後（**期末**《きまつ》）です。そして、1年の最後につくった表は、次の1年の最初（**期首**《きしゅ》）

の状態を表していると考えます。

なお、英語ではbalance sheetといわれることから、**B/S**（ビーエス）とよぶこともあります。

バランスシート

今一度、試算表を思い出してください。「資産＋費用＝負債＋資本＋収益」でしたね。**この試算表の均衡は「常に」成り立ちます。**

1年のはじめ、何も取引をしていないときには、費用＝0、収益＝0ですから、**「資産＝負債＋資本」**が成り立ちます。

これを**貸借対照表等式**《たいしゃくたいしょうひょうとうしき》といいます。そして、これが成り立っているために、貸借対照表のことを**バランスシート**（均衡する表）とよぶのです。

しかし、「資産＝負債＋資本」が成り立っているのは、1年のはじめだけです。ひとたび取引が始まって、費用や収益が発生すると、この均衡は崩れます。1年の途中では、「資産＝負債＋資本」は成り立ちません。試算表を想像して確かめてください。そして、年末（年度末）にリセット（**決算**《けっさん》）して、利益を資本に加えると、再び、「資産＝負債＋資本」が成り立ちます。

利益計算のしくみ

利益に限らず、ものごとの成果を計る方法には2通りあります。

1つは、①何かをする前と、何かをしたあと、つまり、ビフォー・アフターを比較する方法です。

もう1つは、②途中経過を観察《かんさつ》して集計《しゅうけい》する方法です。

貸借対照表は①に相当《そうとう》します。具体的には、期首《きしゅ》の資本と期末《きまつ》の資本を比べます。

ダイエットの効果や育毛剤の効果を測定するためには、貸借対照表と同じビフォー・アフターの比較がよく用いられます。育毛剤の効果を測定するためには、使用前の髪の毛の数を数えておき、一定期間、育毛剤を使用したあとで、再び髪の毛の数を数えます。使用前と使用後を比べて増えた毛の数が育毛剤の効果です。

財布《さいふ》の中身も同じです。何にいくらお金を使ったか、もらったかを把握していなくても、1ヶ月の最初に財布の中身を確認して、1ヶ月の終わりに、もう一度財布の中身を確認して、最初と最後を比べれば、1ヶ月間に増えた（減った）金額が計算できます。

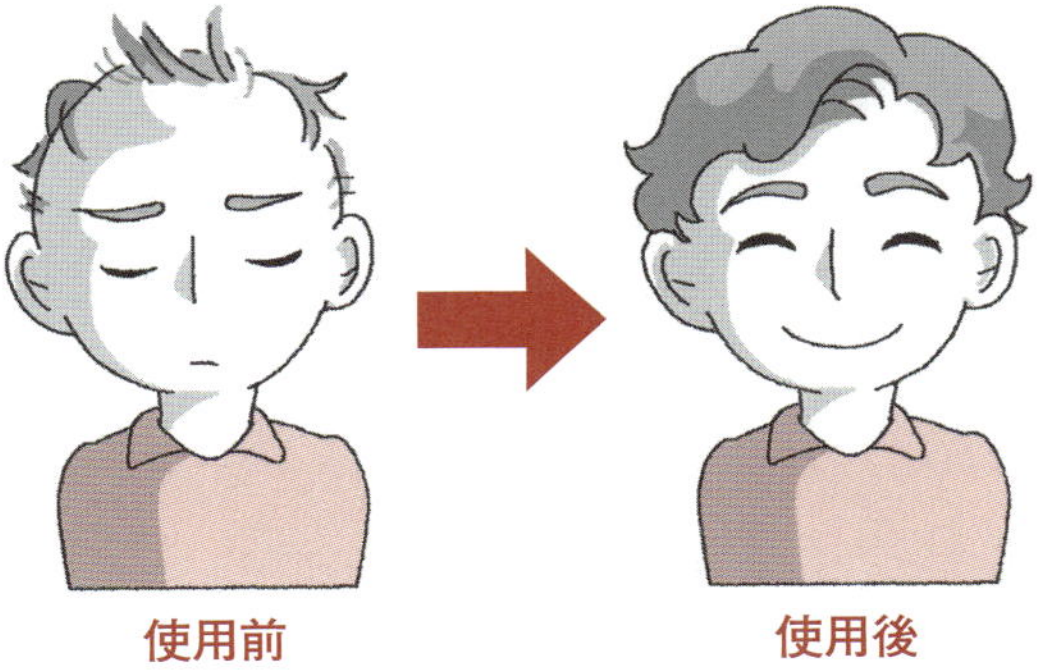
使用前
使用後

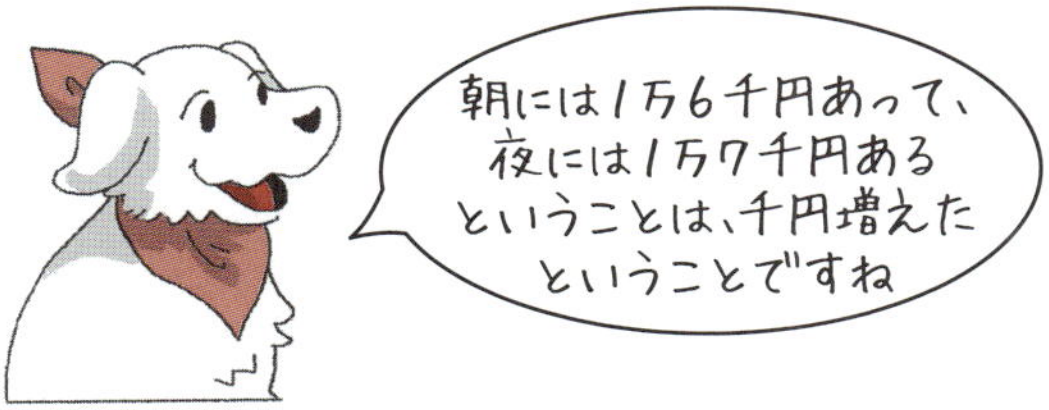
朝には1万6千円あって、
夜には1万7千円ある
ということは、千円増えた
ということですね

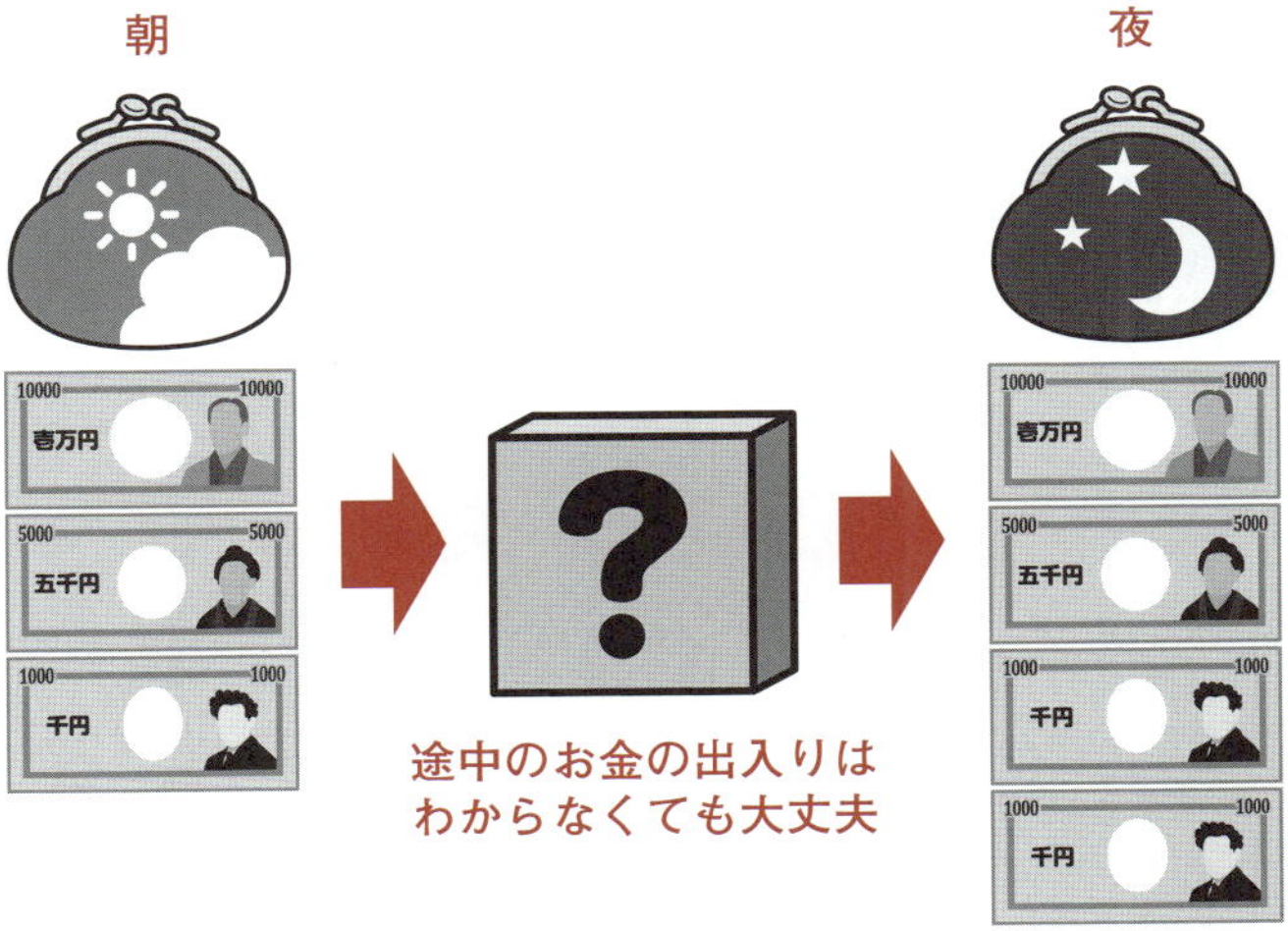
朝
夜
壱万円
五千円
千円
途中のお金の出入りは
わからなくても大丈夫

損益計算書

20××年1月1日から20××年12月31日まで

費用	金額	収益	金額
埋めた	1	収獲した	2
利益	1		
	2		2

費用と収益
からつくられる表が
損益計算書
ですね

② 損益計算書（そんえき けいさんしょ）

左に費用、右に収益を書いた表を**損益《そんえき》計算書《けいさんしょ》**といいます。この表からは、ある期間に使ってなくなったお金（**費用**）と、同じ期間に自分で手に入れたお金（**収益**）の内容がわかります。

また、費用と収益の差額として利益が計算されます。そのため、この表は、**会社の経営成績**を表すとされます。

なお、英語ではprofit and loss statementといわれることから、**P／L**（ピーエル）とよぶこともあります。ただし実際には、income statementという表現が一般的なようです。

利益計算のしくみ

すでに述べたように、成果を計る方法には2通りあります。①ビフォー・アフターで比較する方法、②途中経過を集計する方法です。損益計算書は、②に相当します。

育毛剤の効果は、使用の前後を比べるほかに、例えば1週間や1ヶ月ごとに、抜けた髪の毛の本数と、生《は》えてきた髪の毛の本数を数えて比べることによって測定することもできます。抜けた毛よりも、生えた毛が多ければ効果があったことになります。

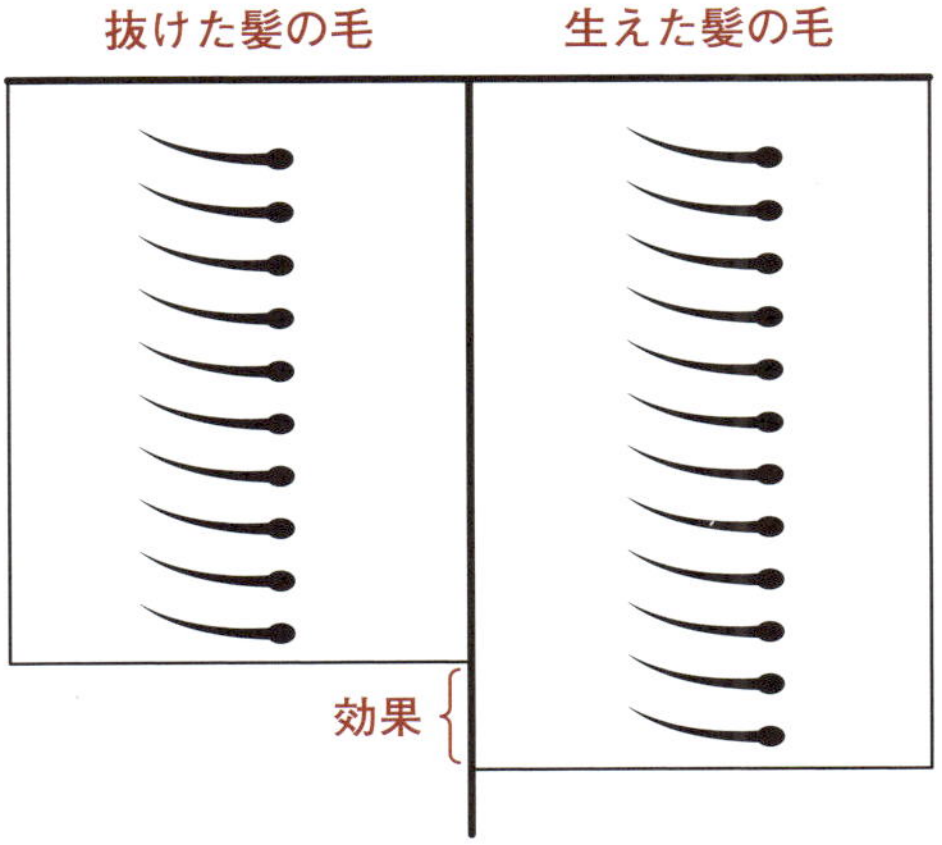

財布の中身も同じです。財布の中にいくら入っているかを知らなくても、1ヶ月の間に、財布に入れたお金と、財布から出したお金がわかっていれば、増えた（減った）金額がわかります。

このように、ある「一定期間の」お金の出入りを集計して、利益を計算するのが損益計算書です。そのため、損益計算書の日付は、「○年○月○日〜○年○月○日」と、期間を示す表記になっています。貸借対照表と比べて、違いを確認しておきましょう。

違うカタチの損益計算書

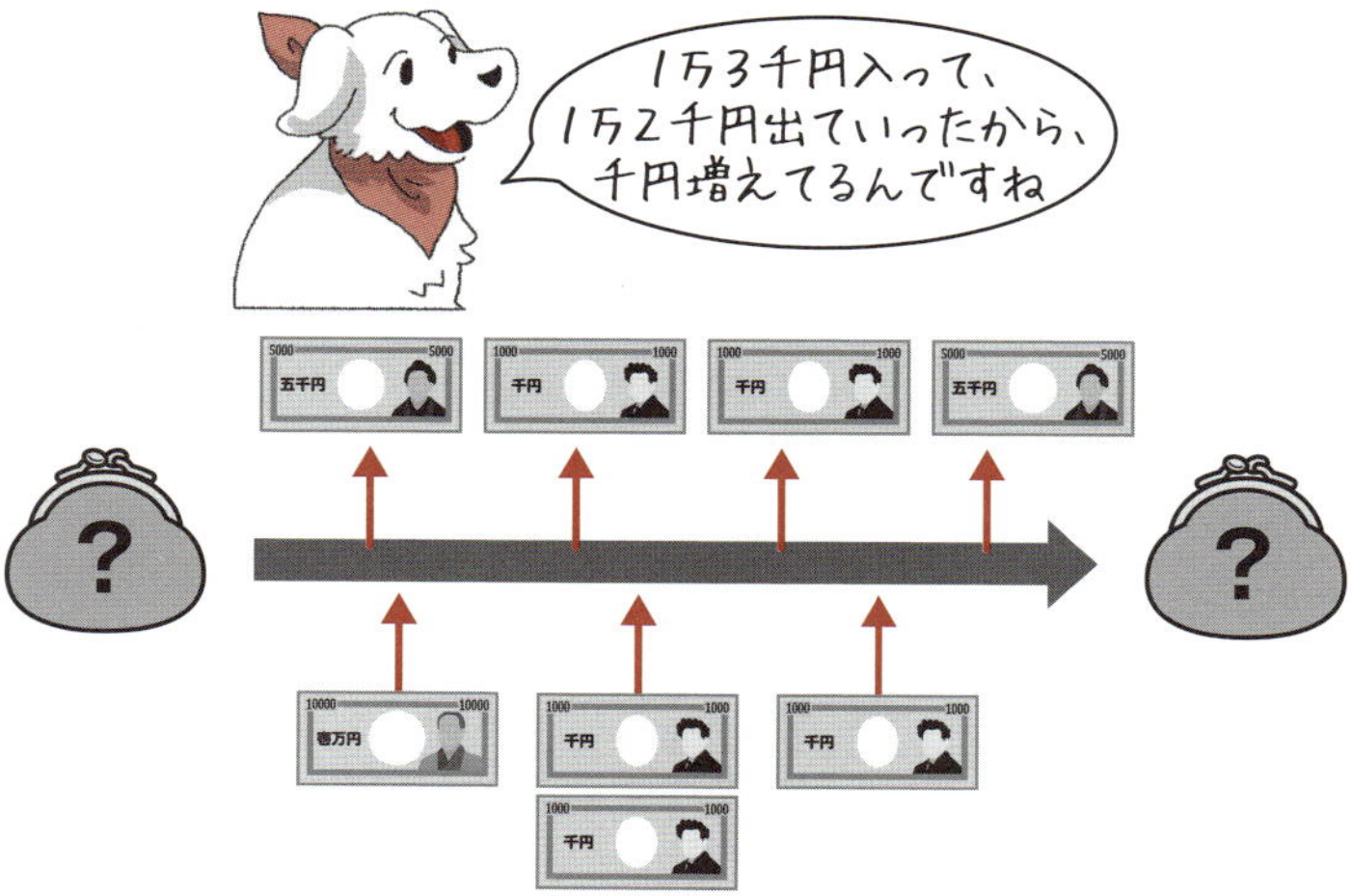

最初と最後の財布の中身はわからなくても大丈夫

損益計算書には、ここで紹介した費用と収益を左右に並べて利益を計算するものとは違う形式のものがあります。その形式を、**報告書形式**《ほうこくしょけいしき》といいます。

じつは、一口《ひとくち》に利益といっても、知りたい目的によって、いろいろな利益があるのです。そこで、収益の大部分を占める**売上高**から、様々な**費用**を順番に差し引いて、段階的に利益を計算しようというわけです。

こうして計算される利益には、①**売上**《うりあげ》**総利益**《そうりえき》、②**営業利益**《えいぎょうりえき》、③**経常利益**《けいじょうりえき》、④**税引前当期純利益**《ぜいびきまえとうきじゅんりえき》、⑤**当期純利益**《とうきじゅんりえき》の5段階があります（178ページ）。

損益計算書（報告書形式）の概略

売上高
－売上原価
①売上総利益
－販売費・一般管理費
②営業利益
－営業外費用
③経常利益
－特別損失
④税引前当期純利益
－法人税等
⑤当期純利益

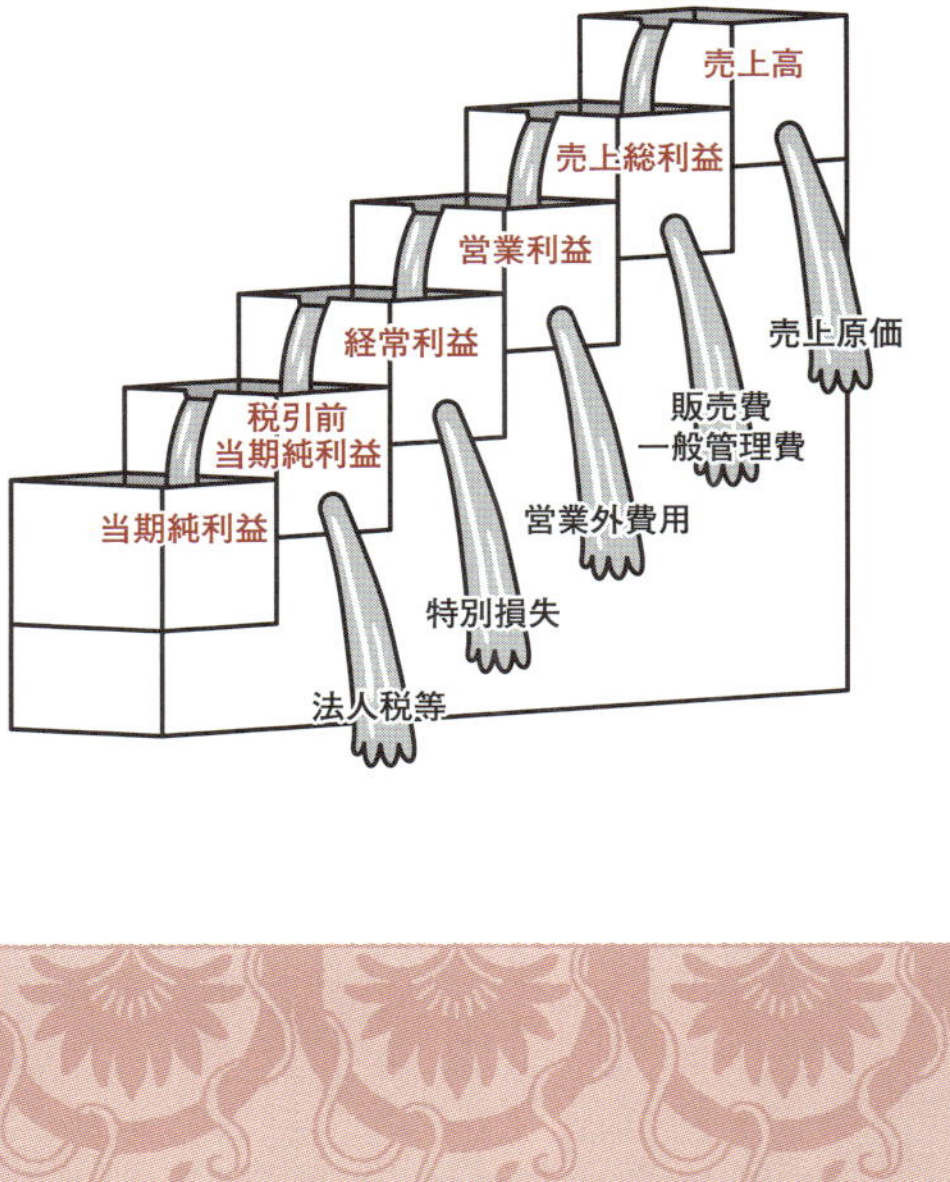

計算書	貸借対照表	
貸方	借方	貸方
	2	
	1	
	1	
	1	
		1
		3
2		
		④ 1
2	5	5

⑤ ⑤

③精算表
（せいさんひょう）

試算表と、損益計算書、貸借対照表を1つにまとめた表を**精算表**《せいさんひょう》といいます。

精算表では、左端の勘定科目欄に、資産・負債・資本・収益・費用の順番で勘定科目を並べます。そして、①（残高）試算表欄を記入します。このとき、**タテに合計した金額が左右で一致**することを確認します。

次に、②資産・負債・資本の項目に書かれた数字を、そのまま貸借対照表の列まで右へスライドさせます。

同様に、③収益・費用の項目に書かれ

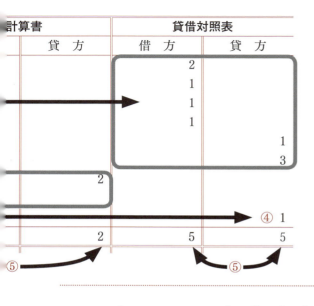

精算表

20××年12月31日

	勘定科目	残高試算表 借方	残高試算表 貸方	損益 借方
資産	魔法の豆	2		
	くわ	1		
	じょうろ	1		
	おの	1		
負債	借りた		1	
資本	もらった		3	
収益	収穫した		2	
費用	埋めた	1		1
	当期純利益			1
		6	6	2

①②③④

た数字を、損益計算書の列まで右へスライドさせます。

最後に、④損益計算書と貸借対照表の左右の列を、それぞれタテに合計します。**左右の金額の差が利益（当期純利益）**です。

損益計算書で計算される利益と、貸借対照表で計算される利益は同じになります。

損益計算書では左側（借方）、貸借対照表では右側（貸方）に当期純利益を記入します。すると、⑤**左右の合計金額が一致**します。

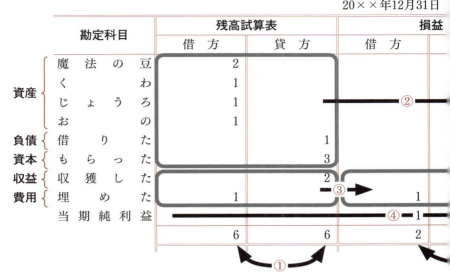

さあ、ルカよ。
もう、増えた豆の数を
計算できるかな。

貸借対照表

	借方		貸方	
資産	魔法の豆	2	借りた 1	負債
	くわ	1	もらった 3	資本
	じょうろ	1		
	おの	1	利益	

損益計算書

	借方		貸方		
費用	埋めた	1	収穫した	2	収益
	利益				

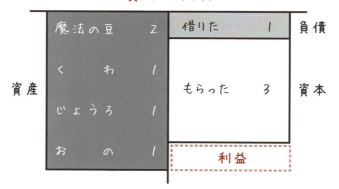

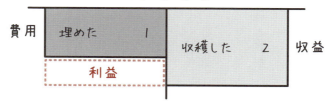

損益計算書を見ると、
費用が1、収益が2、
だから利益は1。

貸借対照表では、
資産が5、負債が1、資本が3、
だから利益は1。

どちらも同じ利益が計算できたよ。

増えた豆の半分はボク、
半分はお婆さんのものだから、
1つの豆を半分に分ければいいんだね。

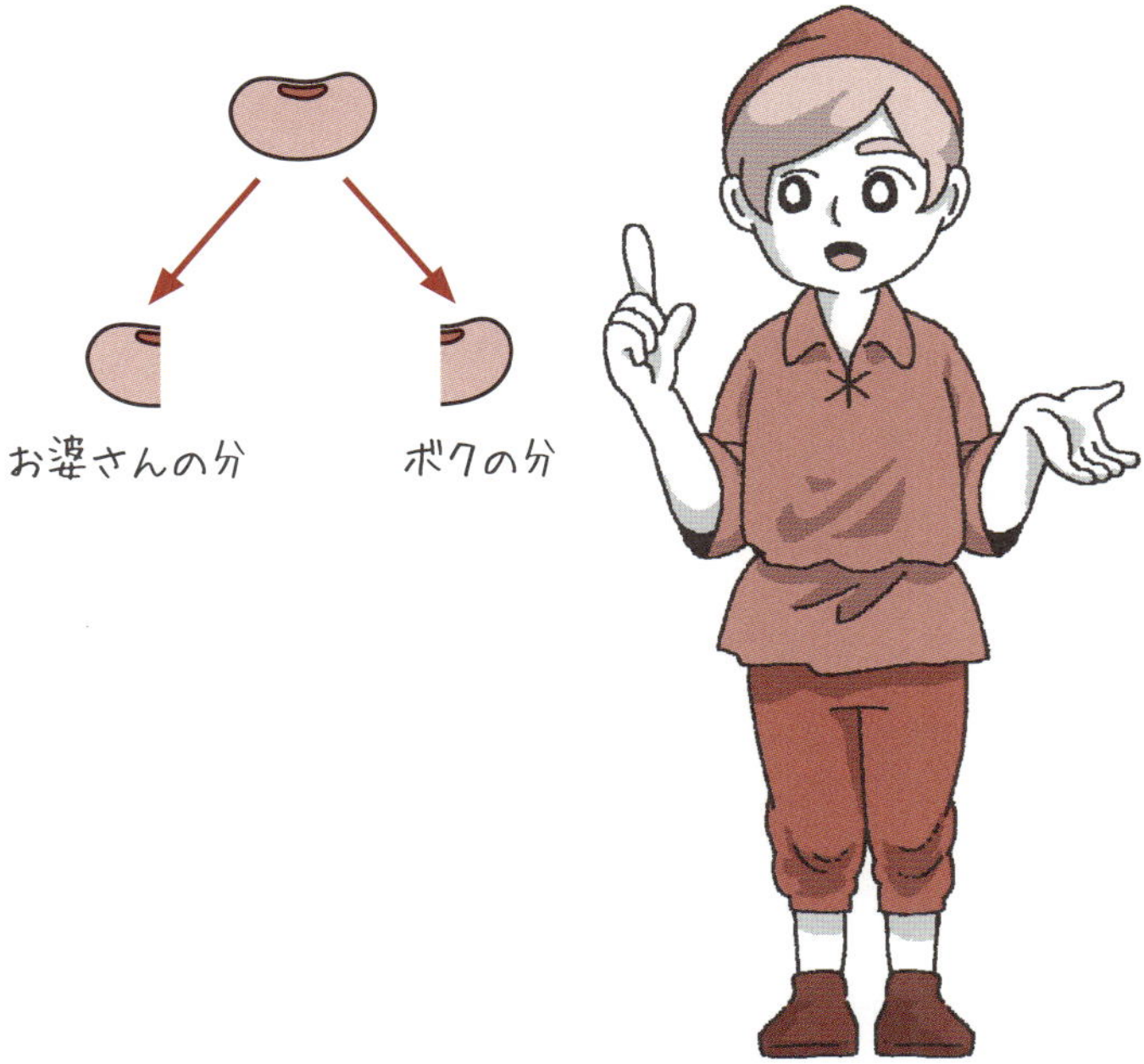

Part 2

いよいよ、記帳方法を学ぶ。

ここからは、もう少し詳《くわ》しく説明するよ。
じつはな、試算表をつくるためには、
たいへんな準備《じゅんび》が必要なんじゃ。

まず、「**仕訳**《しわけ》」という方法で取引を記録《きろく》する。
つぎに、それを「**勘定**《かんじょう》」という書式に書き写《うつ》す。
そして、勘定に書き写された数字を集計《しゅうけい》すると、
はじめて試算表になるというわけじゃ。

おっと、その前に、
「**取引**《とりひき》**の二面性**《にめんせい》」についても説明しなければならんのぅ。

いまから、それを順番に説明するよ。
ついてこられるかな。

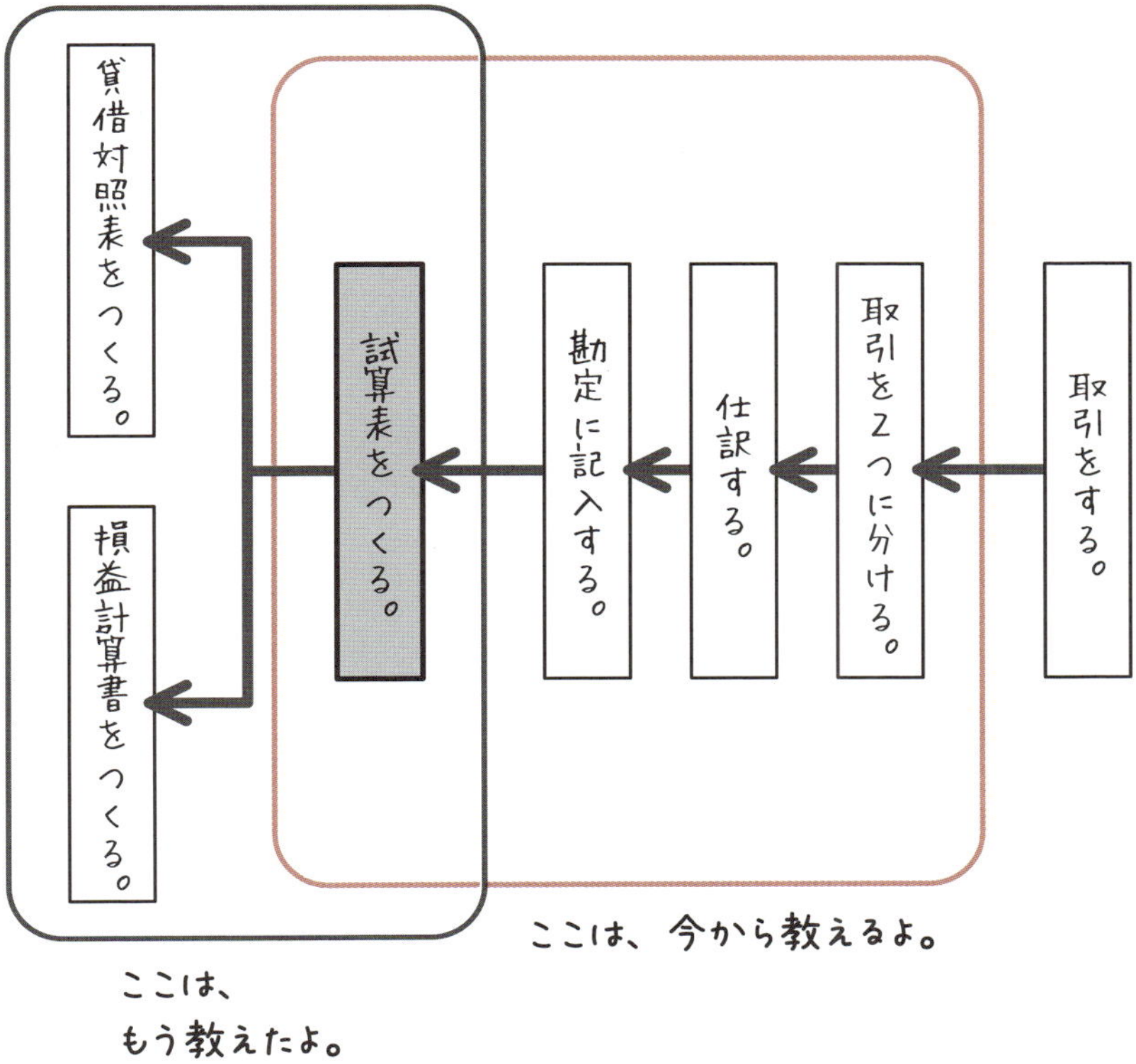
取引をする。
取引を2つに分ける。
仕訳する。
勘定に記入する。
試算表をつくる。
貸借対照表をつくる。
損益計算書をつくる。
ここは、今から教えるよ。
ここは、
もう教えたよ。

Chapter 3

eeping

取引の二面性

Book

最初に「**取引《とりひき》の二面性《にめんせい》**」について説明するよ。
魔法（簿記）の世界を理解《りかい》するための大事な性質《せいしつ》じゃ。
ふえっ、ふえっ、ふえっ。

お婆さんは変な笑い方をしました。

世の中のものは、すべて2つの性質を同時に持っているんだよ。
表があれば裏があり、
プラスがあればマイナスがあり、
入口があれば出口があり、
上り坂があれば下り坂がある。

ふつうの子どもには難《むずか》しいかもしれんが、
簿記の魔法を使うためには、
ものごとを2つの面から見る力が必要じゃ。

ルカ、おまえが町で取引をするときも、
いつも2つの出来事《できごと》が同時に起きているんだよ。
ほら、こんなふうに。

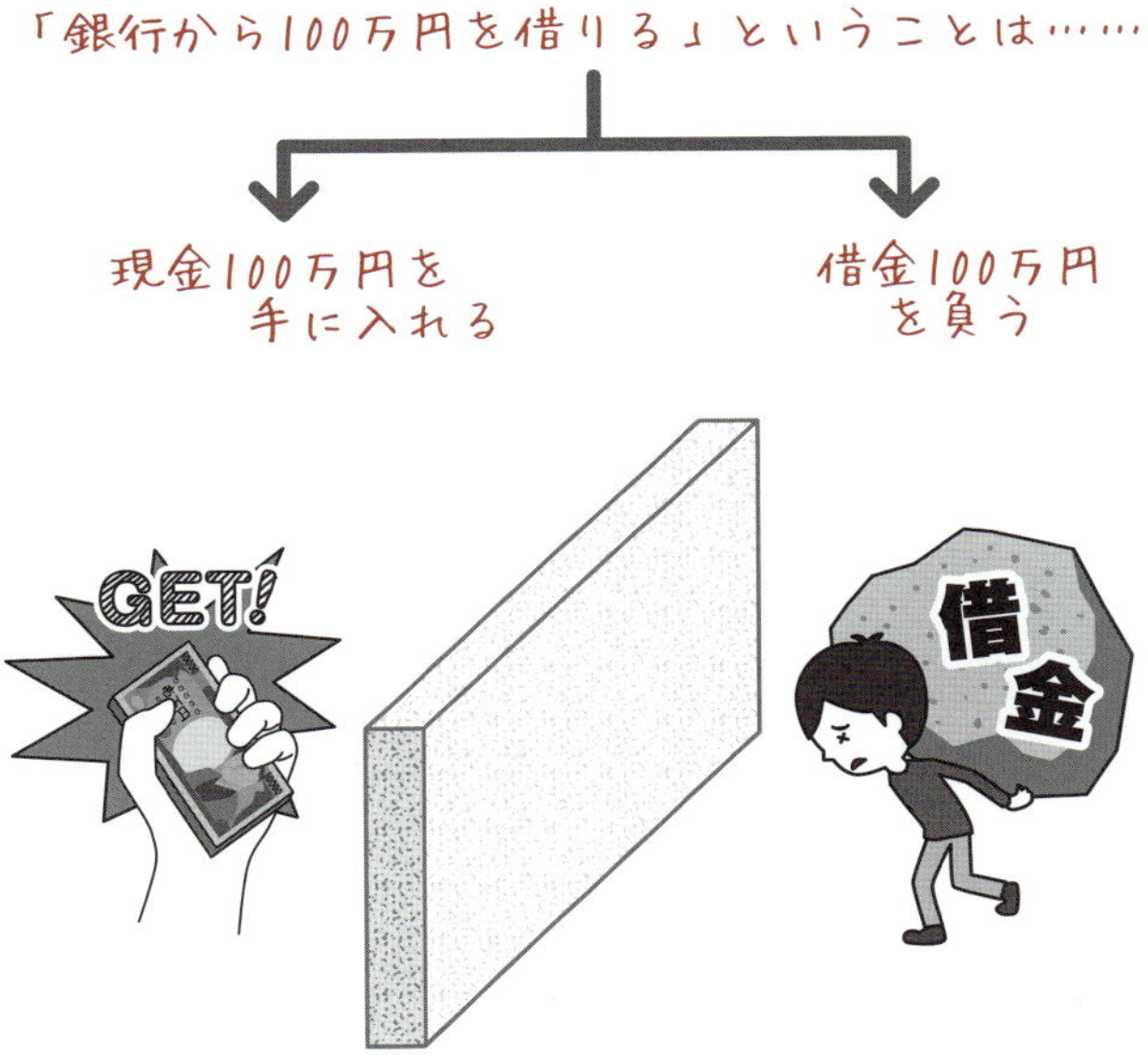
「銀行から100万円を借りる」ということは……
現金100万円を手に入れる
借金100万円を負う
GET!
借金

「1,000円の商品を買う」ということは……
1,000円の商品を手に入れる
現金1,000円を手放す
1.000

ものごとには 二面性 がある

① 豆（資産）を手に入れた

お婆さんにもらった（資本）

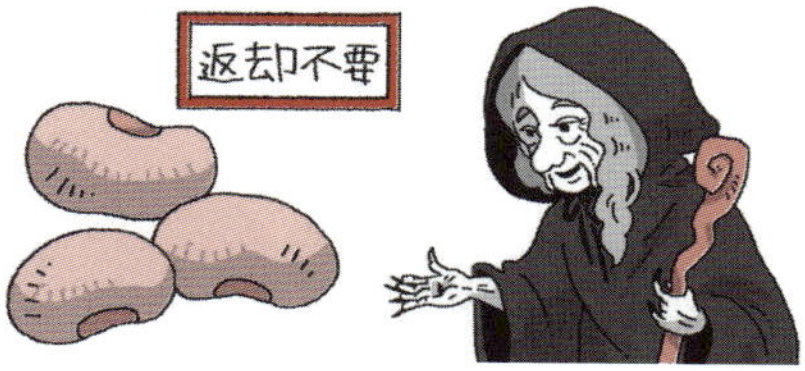

② くわ（資産）を手に入れた

豆（資産）を失った

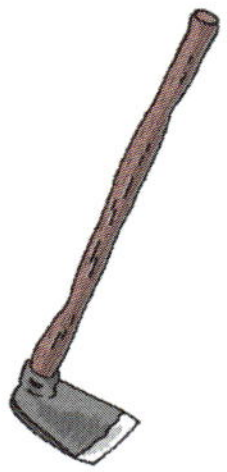

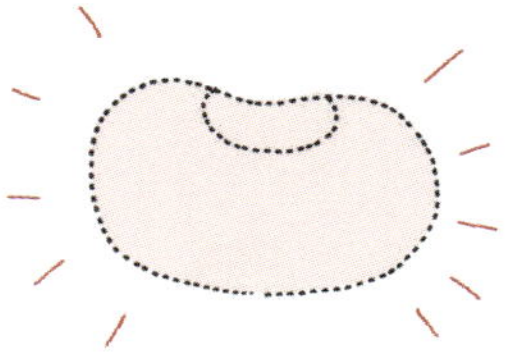

③ 豆を埋めた（費用）

豆（資産）を失った

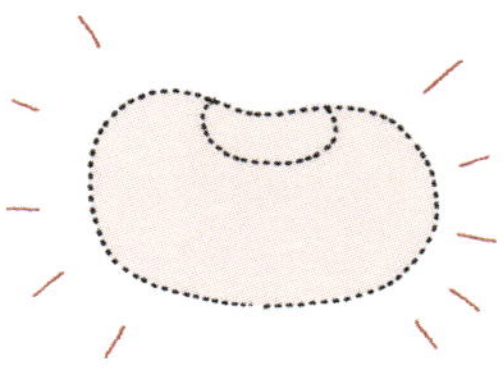

④ じょうろ（資産）を手に入れた

豆（資産）を失った

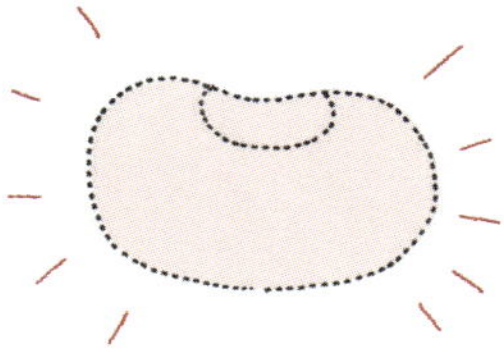

⑤ 豆（資産）を手に入れた

お婆さんから借りた（負債）

⑥ おの（資産）を手に入れた

豆（資産）を失った

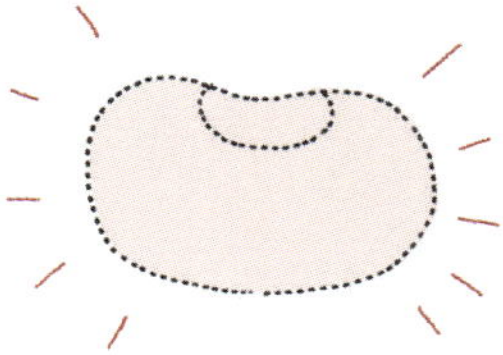

⑦ 豆（資産）を手に入れた

収穫した（収益）

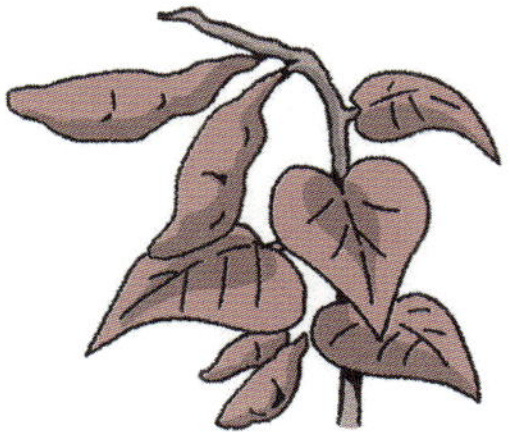

取引の二面性
（とりひきのにめんせい）

たとえ魔法を使っても、タダで何かを手に入れることはできません。魔法も取引なのです。人魚姫は人間の足をもらうのと引き換えに、美しい声を失いました。悪魔が願いを叶えるのは寿命と引き換えです。

このように、ものごとには2つの側面があります。このことを**取引《とりひき》の二面性《にめんせい》**といいます。

取引の二面性と試算表

試算表の左右が均衡するのは、取引の二面性と関係があります。

1つの取引が試算表の左側と右側に、

次のように2つの影響を及ぼしているからです。

A　左を増やして、右も増やす。

＋	＋

B　左を減らして、右も減らす。

－	－

C　左を増やして、左を減らす。

＋ －	

D　右を増やして、右を減らす。

	＋ －

試算表等式が成り立つ限り、どのような組み合わせも考えられますが、日常的に発生する代表的な取引例を以下に示しておきます。

■Aタイプの取引（左＋／右＋）

定位置が左の資産・費用のどちらかが増えて、定位置が右の負債・資本・収益のいずれかも増えるという取引です。

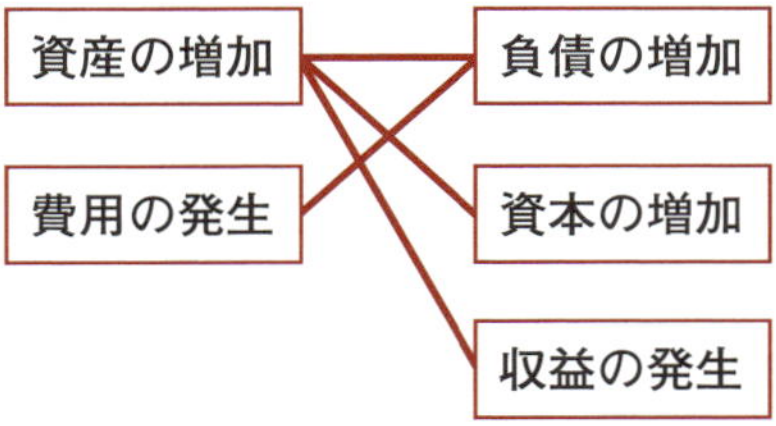

①資産の増加―負債の増加
「銀行で現金50円を借りた。」
・借入金（負債）が50円増えた。
・現金（資産）が50円増えた。

②資産の増加―資本の増加
「現金100円を元手に営業を始めた。」
・資本金（資本）が100円増えた。
・現金（資産）が100円増えた。

③資産の増加―収益の発生
「手数料10円を現金で受け取った。」
・受取手数料（収益）10円が発生した。
・現金（資産）が10円増えた。

④費用の発生―負債の増加
「手数料10円を月末に支払うことにした。」
・未払金（負債）が10円増えた。
・支払手数料（費用）10円が発生した。

■Bタイプの取引（左－／右－）

定位置が左の資産が減少して、定位置が右の負債・資本のどちらかも減少する取引です。

なお、定位置が左の資産については、増えるときは左に、減るときは右に書きます。定位置が右の負債と資本は、増えるときは右に、減るときは左に書きます。

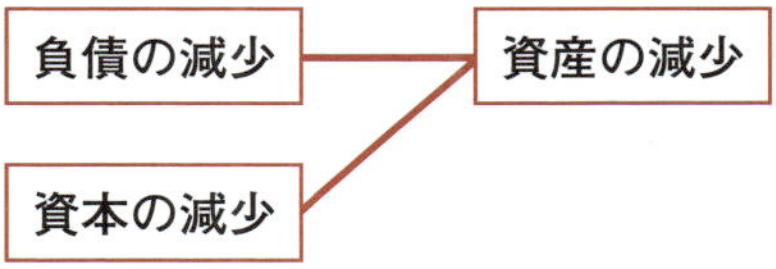

⑤ 負債の減少―資産の減少

「借入金50円を現金で返済した。」

・現金（資産）が50円減った。
・借入金（負債）が50円減った。

⑥ 資本の減少―資産の減少

「店主が店の商品3円を私的に消費した。」

・商品（資産）が3円減った。
・資本（資本）が3円減った。

■ **Cタイプの取引（左＋／左－）**

定位置が左側の資産・費用のどちらかが増えて、同じ左側の資産が減少する取引です。

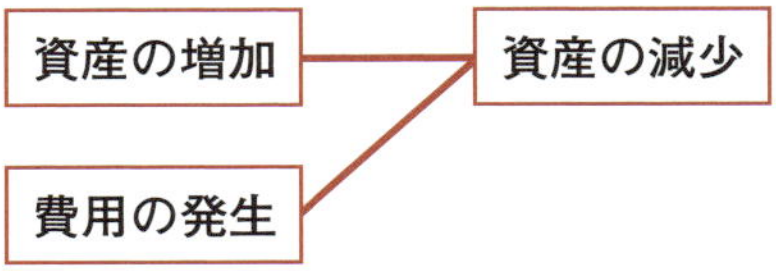

⑦ 資産の増加—資産の減少

「備品20円を現金で購入した。」

・現金（資産）が20円減った。

・備品（資産）が20円増えた。

⑧ 費用の発生—資産の減少

「水道光熱費3円を現金で支払った。」

・現金（資産）が3円減った。

・水道光熱費（費用）3円が発生した。

■Dタイプの取引（右＋／右－）

定位置が右の負債が減少して、同じ右の負債・収益のどちらかが増える取引です。負債を別の負債に置き換えたり、収益と負債を相殺《そうさい》するという、少し特殊な取引です。

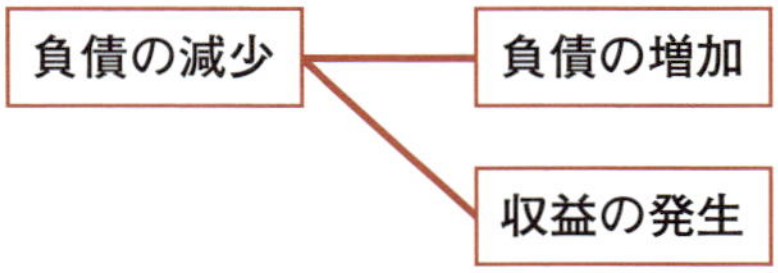

⑨ 負債の減少—負債の増加

「買掛金50円を、約束手形を振り出して支払った。」

・支払手形（負債）が50円増えた。
・買掛金（負債）が50円減った。

⑩ 負債の減少 ― 収益の発生

「かねてより、お金を借りていたゼペット爺さんの仕事を手伝った。もらうはずの手数料5円は、借金と相殺してもらった。」

・受取手数料（収益）5円が発生した。
・借入金（負債）5円が減少した。

■組み合わせの取引

A～Dのタイプを組み合わせる取引もあります。

---

⑪ 資産の増加 ― 資産の減少／収益の発生

「原価50円の商品を60円で売り渡し、代金は現金で受け取った。」

・商品（資産）50円を手放した。
・商品売買益（収益）10円が発生した。
・現金（資産）60円を受け取った。

いつも試算表の左右の均衡をイメージして、取引を二面から考えるようにしましょう。

Chapter 4

eeping

仕訳

Bookk

取引の表と裏、二面性は理解できたかな。
こんどは、それを書き表してみるがいい。

その方法は「**仕訳**《しわけ》」といって、
世界の出来事を記録する魔法（簿記）の文法じゃ。

資産《（左）》**・負債**《（右）》**・資本**《（右）》**・収益**《（右）》**・費用**《（左）》**の変化**に注目して、
増えたものは、定位置の側に、
減ったものは、定位置の反対側に記録する。

そのためには、５要素の定位置を覚えていることが必要じゃ。
自信がなければ復習しなさい。

仕訳は、例えば、こんなふうにするのじゃ。

①お婆さんから豆を3つもらった。

取引を2つに分ける。

資産の定位置は左 → 豆（資産）が3つ増えた。

資本の定位置は右 → 3つもらった（資本）。

仕訳　魔法の豆　3　／　もらった　3

②豆を1つくわに変えた。

取引を2つに分ける。

資産の定位置は左 → くわ（資産）が1つ増えた。

資産の定位置は左
減ったときは反対の右 → 豆（資産）が1つ減った。

仕訳　く　わ　1　／　魔法の豆　1

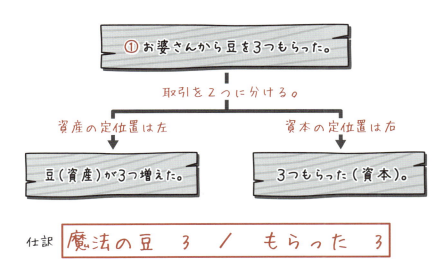

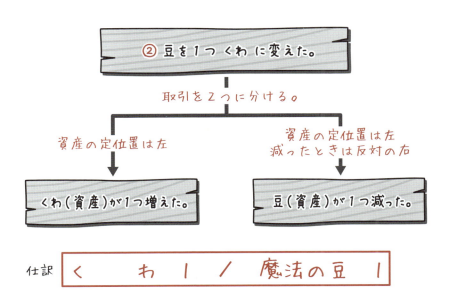

コツは、5要素のうち、**資産に注目する**ことじゃ。
そして、キャッチボールをイメージするとよい。
左手にグローブをはめて、右手でボールを投げるじゃろう。

資産がボールじゃ。
資産を手放す（減る）ときは、
ボールを投げる**右手**。
資産を受け取る（増える）ときは、
グローブをはめた**左手**。

お婆さんは、ぎこちない動作で、
ボールを投げる動作をしてみせました。

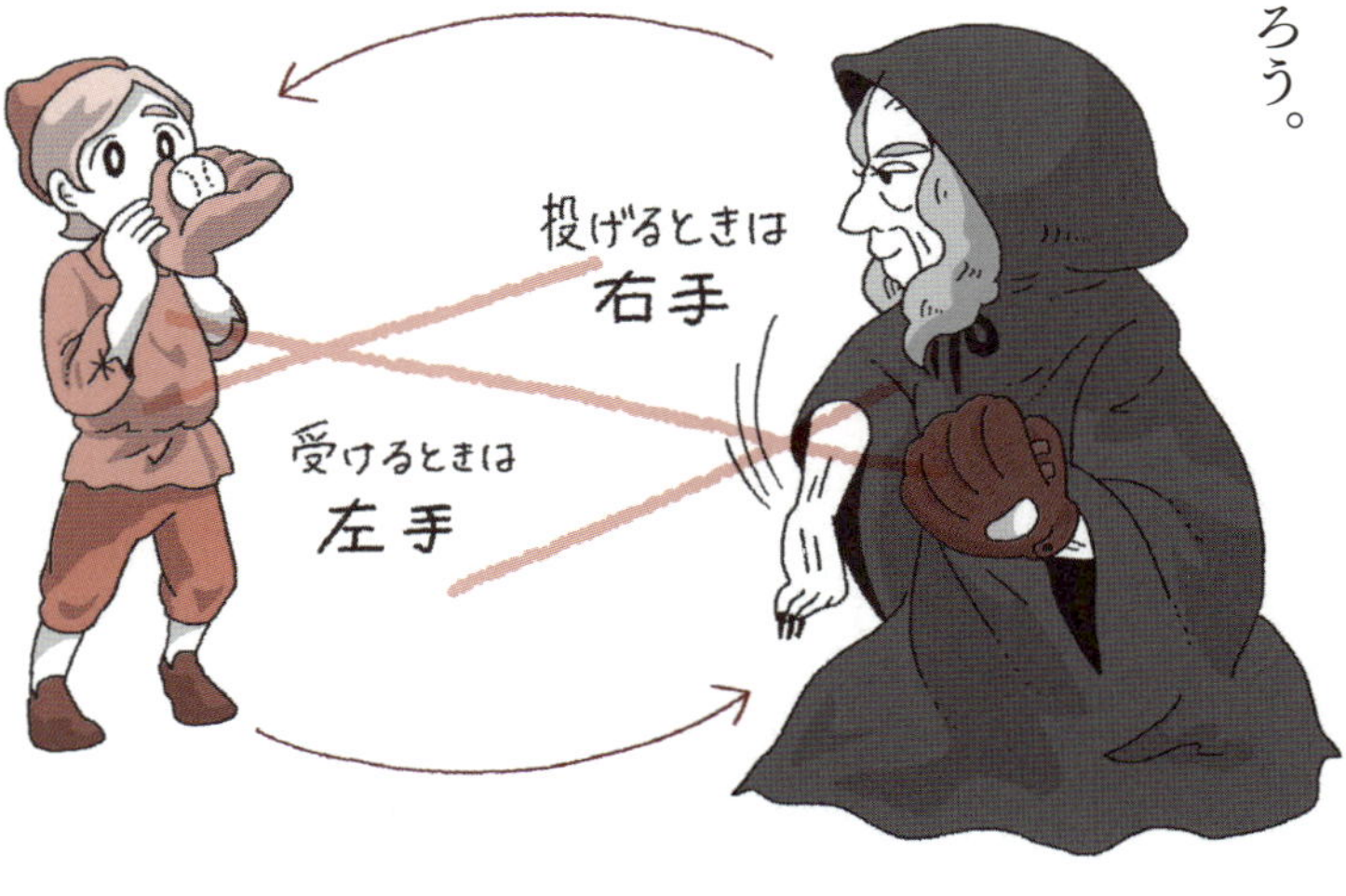

それじゃあ、ボクもやってみるよ。

「魔法の豆を1つ埋めた。」はどうなるのかな。

まず取引を2つに分けるんだね。

・魔法の豆を1つ埋めた

そして、埋めてしまったから、

・魔法の豆（資産）を1つ失った

となるのかな。

資産は「豆」だから、豆が減ったことを
右に書くんだね。

左、……増えた資産はないなぁ……

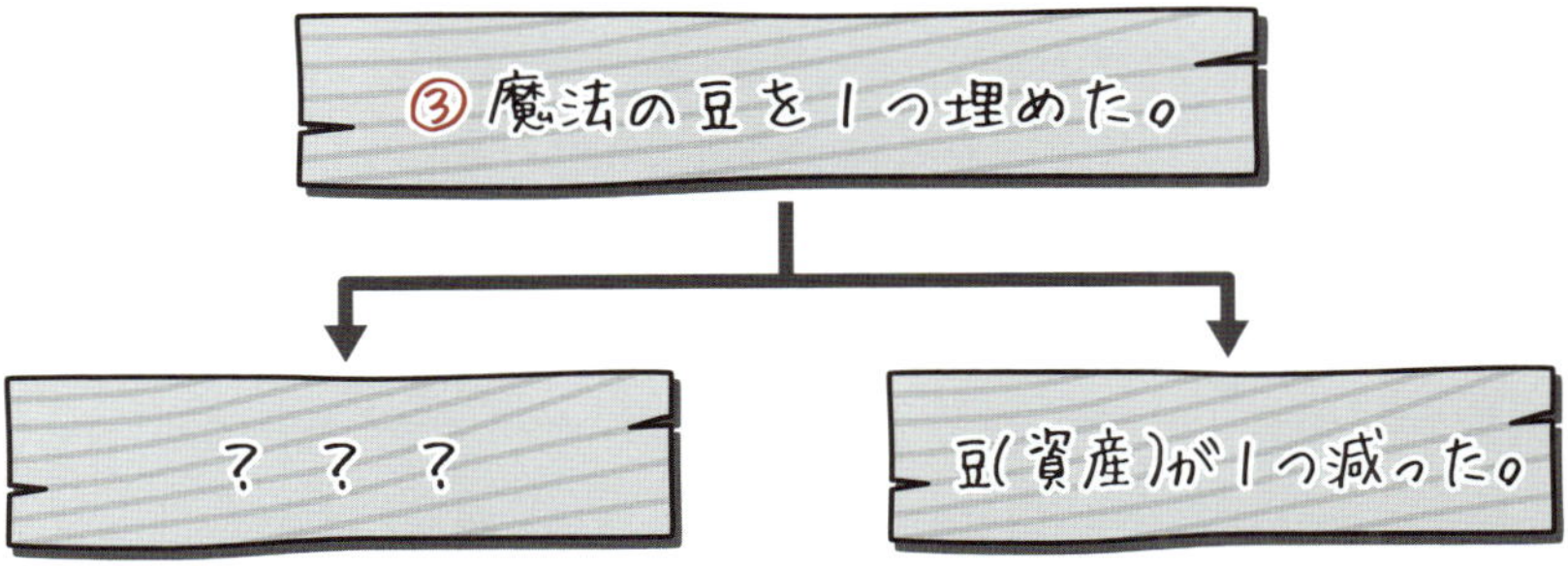
③魔法の豆を1つ埋めた。
？？？
豆(資産)が1つ減った。

???? ?　/　魔法の豆　1

受け取った資産がなければ、減った理由を考えてごらん。

なるほど。それじゃあ、左は、「1つ埋めた。」でいいのかな。

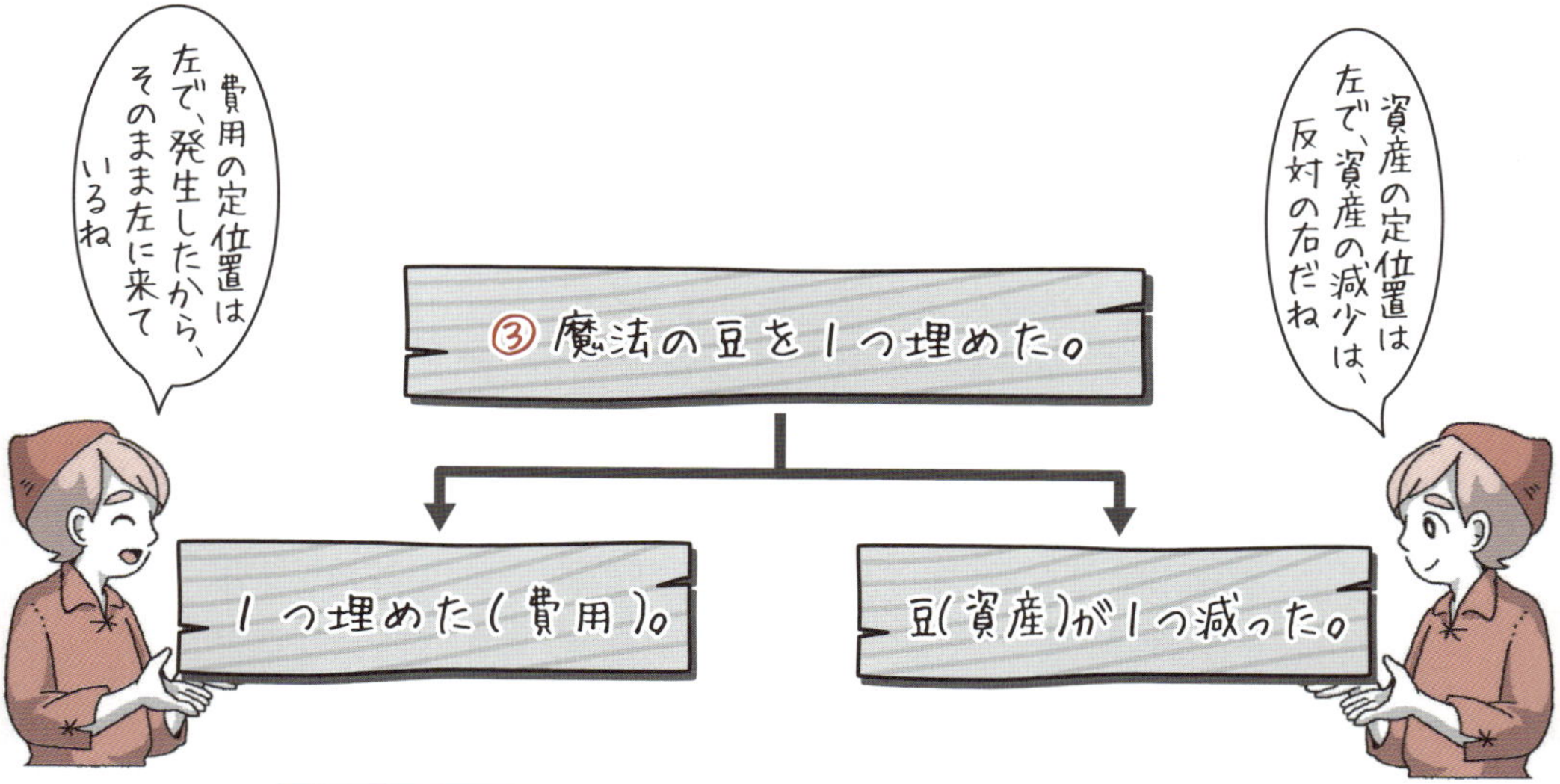

埋めた　1つ　／　魔法の豆　1つ

もう1つやってみよう。
豆を収穫したときは、どうなるのかな。

資産は「豆」。
増えているから左。
右は、……減っている資産はない、
だから、増えた理由を考えるんだね。
増えた理由は、……「収穫した」！

だから、こんな仕訳でいいのかな。

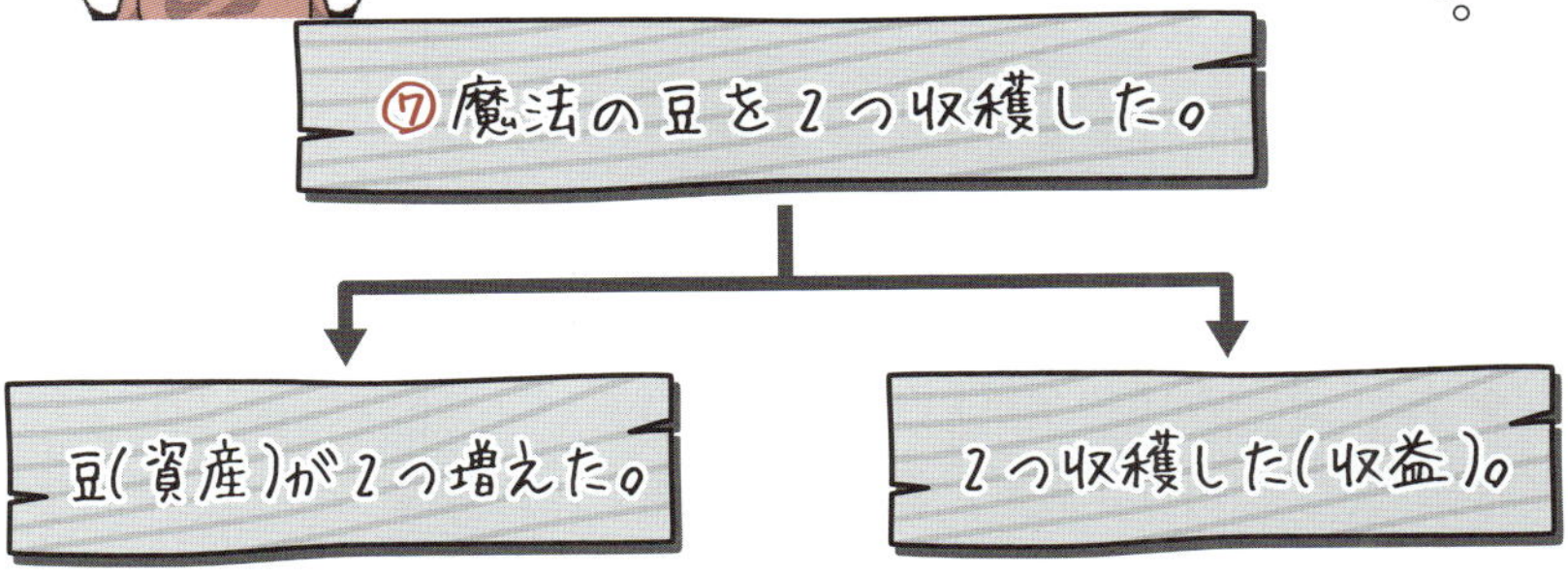
⑦魔法の豆を2つ収穫した。
豆(資産)が2つ増えた。
2つ収穫した(収益)。

魔法の豆　2　／　収穫した　2

よくできました

① 魔法の豆を3つもらった。
魔法の豆(資産) 3 / もらった(資本) 3

② 魔法の豆1つを くわ に変えた。
く　わ(資産) 1 / 魔法の豆(資産) 1

③ 魔法の豆1つを埋めた。
埋 め た(費用) 1 / 魔法の豆(資産) 1

④ 魔法の豆1つを じょうろ に変えた。
じょうろ(資産) 1 / 魔法の豆(資産) 1

⑤ 魔法の豆を1つ借りた。
魔法の豆(資産) 1 / 借 り た(負債) 1

⑥ 魔法の豆1つを おの に変えた。
お　の(資産) 1 / 魔法の豆(資産) 1

⑦ 魔法の豆2つを収穫した。
魔法の豆(資産) 2 / 収穫した(収益) 2

全部の取引を仕訳してみたよ。

毎日、毎日、たくさんの取引があるだろうから、
それを仕訳して、仕訳帳《しわけちょう》というノートに書いておくのじゃ。
こうして記録しておけば、
いつ、どんな取引をしたかがわかるじゃろう。

文章で書くと、人によって表現が違うが、
仕訳のルールに従えば、誰《だれ》でも同じ表現になる。
最初は難しく感じるが、
慣れれば、このほうが楽ちんじゃ。

仕訳（しわけ）

2つに分けた取引を、左と右に分けて記録することを**仕訳**《しわけ》といいます。**試算表の左側項目の増加は左に、減少は右側に**書きます。同じように、**右側項目の増加は右側に、減少は左側に**書きます。

取引を文章で書くと、人によって表現が違ったりします。それでは、あとあと面倒なので、誰が記録しても同じになるように、書き方のルール（文法）が決められているのです。

語学に例えると、5要素が品詞、仕訳のルールは文法といったところでしょうか。

仕訳の例

（取引）　① 銀行で50円を借りた。

（二面に分解）現金（資産）を手に入れた。　借金（負債）が増えた。

（仕訳）　現　金　50　／　借 入 金　50

（取引）　② 現金100円を元手に営業を始めた。

（二面に分解）現金（資産）を手に入れた。　資本金（資本）が増えた。

（仕訳）　現　金　100　／　資 本 金　100

（取引）　③ 手数料10円を現金で受け取った。

（二面に分解）現金（資産）を手に入れた。　手数料（収益）を受け取った。

（仕訳）　現　金　10　／　受取手数料　10

（取引）　④ 手数料10円を月末に支払うことにした。

（二面に分解）手数料（費用）を支払った。　未払金（負債）が発生した。

（仕訳）　支払手数料　10　／　未 払 金　10

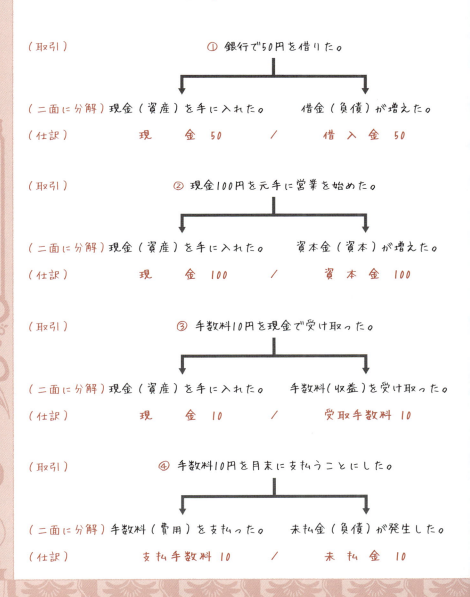

（取引）　⑤ 借入金50円を現金で返済した。

（二面に分解）借入金（負債）が減った。　現金（資産）が減った。

（仕訳）　借入金 50 ／ 現　金 50

（取引）　⑥ 店主が店の商品3円を私的に消費した。

（二面に分解）資本金（資本）が減った。　商品（資産）が減った。

（仕訳）　資本金 3 ／ 商　品 3

（取引）　⑦ 備品20円を現金で購入した。

（二面に分解）備品（資産）が増えた。　現金（資産）が減った。

（仕訳）　備　品 20 ／ 現　金 20

（取引）　⑧ 水道光熱費3円を現金で支払った。

（二面に分解）水道光熱費（費用）が発生した。　現金（資産）が減った。

（仕訳）　水道光熱費 3 ／ 現　金 3

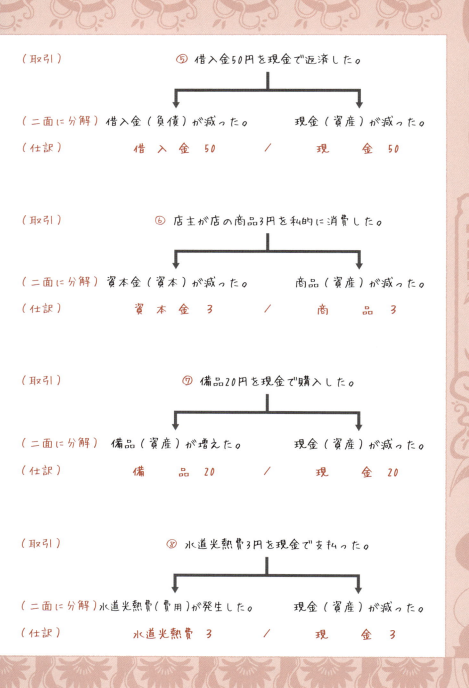

（取引）　⑨ 買掛金50円を約束手形を振り出して支払った。

（二面に分解）　買掛金（負債）が減った。　支払手形（負債）が増えた。

（仕訳）　買掛金 50　／　支払手形 50

（取引）　⑩ かねてより、お金を借りていたゼペット爺さんの仕事を手伝った。もらうはずの手数料5円は、借金と相殺してもらった。

（二面に分解）　借入金（負債）が減少した。　手数料（収益）が発生した。

（仕訳）　借入金 5　／　受取手数料 5

（取引）　⑪ 原価50円の商品を60円で売り渡し、代金は現金で受け取った。

（二面に分解）　現金（資産）が増加した。　商品（資産）が減った。
商品売買益（収益）が発生した。

（仕訳）　現金 60　／　商品 50
商品売買益 10

Chapter 5

eeping

勘定記入

Book

仕訳の方法はわかったかな。
仕訳では、出来事を起きた順番に
仕訳帳に記録していく。
だから、順番を知りたいときには便利じゃ。
しかし、項目《こうもく》別に集計したいときには、ちと、不便なのじゃ。
だから、仕訳をしたら、
同時に、項目別に整理しておくといい。

項目ごとにノートをつくって、
右側に仕訳したものは右ページに、
左側に仕訳したものは
左ページに書くのだよ。

例えば、「魔法の豆を3つもらった」は、こうなる。

左の数字は左、
右の数字は右。
かんたん、かんたん

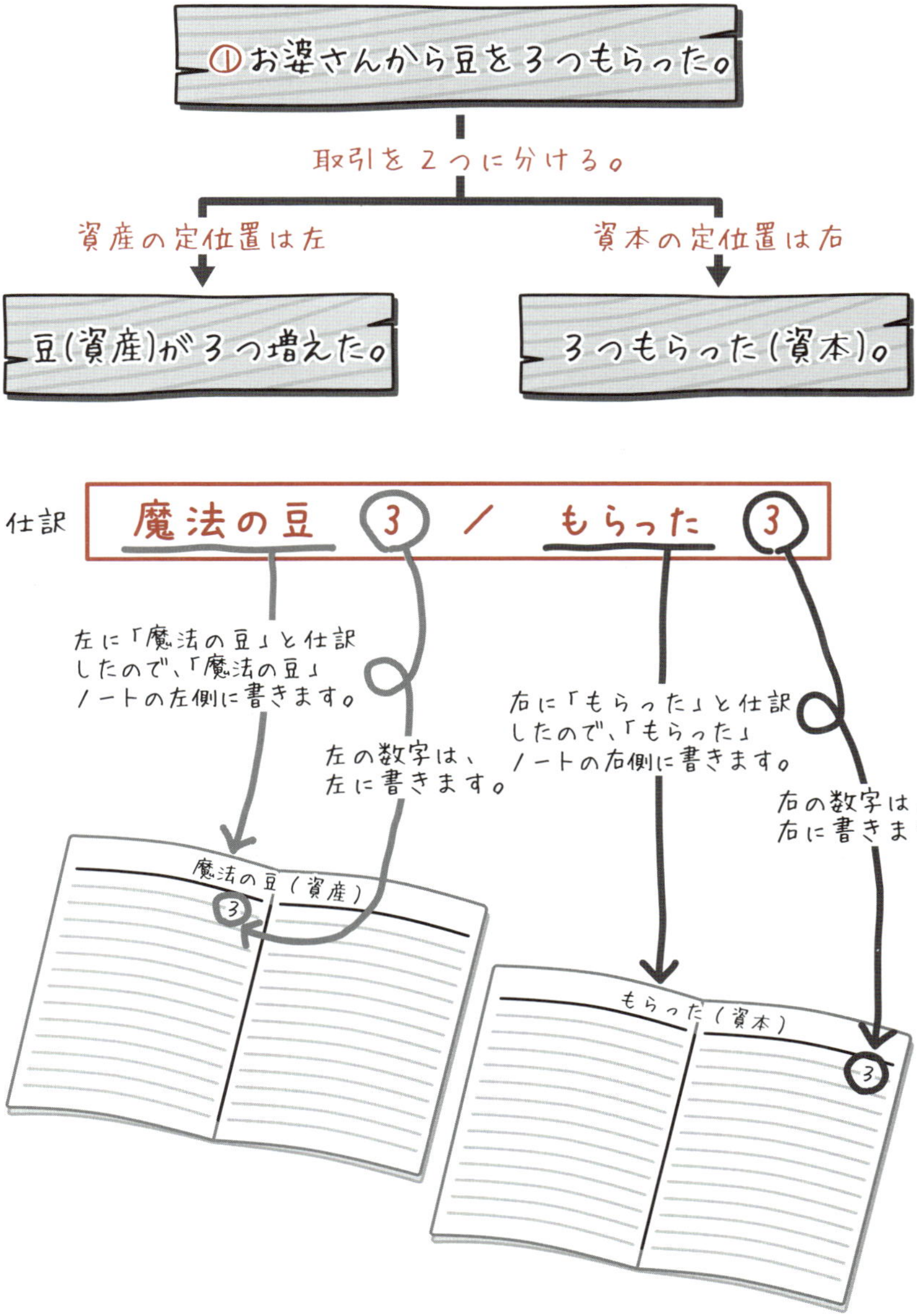
①お婆さんから豆を3つもらった。
取引を2つに分ける。
資産の定位置は左
資本の定位置は右
豆(資産)が3つ増えた。
3つもらった(資本)。
仕訳
魔法の豆 3 / もらった 3
左に「魔法の豆」と仕訳したので、「魔法の豆」ノートの左側に書きます。
左の数字は、左に書きます。
右に「もらった」と仕訳したので、「もらった」ノートの右側に書きます。
右の数字は、右に書きます。
魔法の豆（資産）
3
もらった（資本）
3

こうやって、1つ仕訳をしたら、
項目別にノートに転記《てんき》するのじゃ。

えーっ！
1つの取引があると、
仕訳をして、それから、
項目別にノートに記録するの？
めんどくさいなぁ。

あとで見やすくするためには、
あらかじめ整理しておくことが肝心《かんじん》じゃよ。
魔法にはタネも仕《し》掛《か》けもあるのだよ。
コンピュータを使えば、仕訳からノートへ
自動で転記されるらしいがのぅ。

あっ！
お婆さん、
ボク、いいこと考えたよ。

こんなふうに、
取引の順番を書いておいたらどうかなぁ。
仕訳と見《み》比《くら》べるときに便利だと思うよ。

ルカ、おまえはかしこいねえ。
それじゃ、こんなのはどうかね。

仕訳のときの反対側の項目を
メモしておくのじゃ。
こうすれば、仕訳と見比べる必要もない。

例えば、①の取引は、「魔法の豆(資産)3つ、左側だから、増えた。増えた理由は、もらったから」とわかるじゃろ
魔法の豆
① もらった 3
⑤ 借りた 1
⑦ 収穫した 2
② くわ 1
③ 埋めた 1
④ じょうろ 1
⑥ おの 1
なるほど。③の取引は、「魔法の豆が、右側だから、減った。減った理由は、埋めたから」ということだね

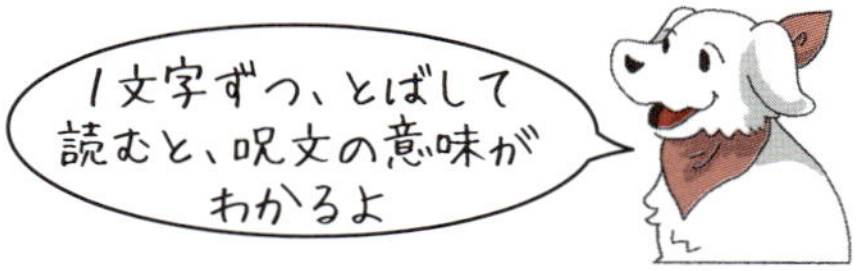
1文字ずつ、とばして
読むと、呪文の意味が
わかるよ

ノートが何冊もあるのは不便じゃな。

それじゃあ、こうしようか。

ノカーントジダョケウキニエナロレ

お婆さんが呪文を唱《とな》えると、……

借りた（負債）
⑤ 魔法の豆 1
もらった（資本）
① 魔法の豆 3
収穫した（収益）
⑦ 魔法の豆 2

みるみるうちに、ノートが消えて、……

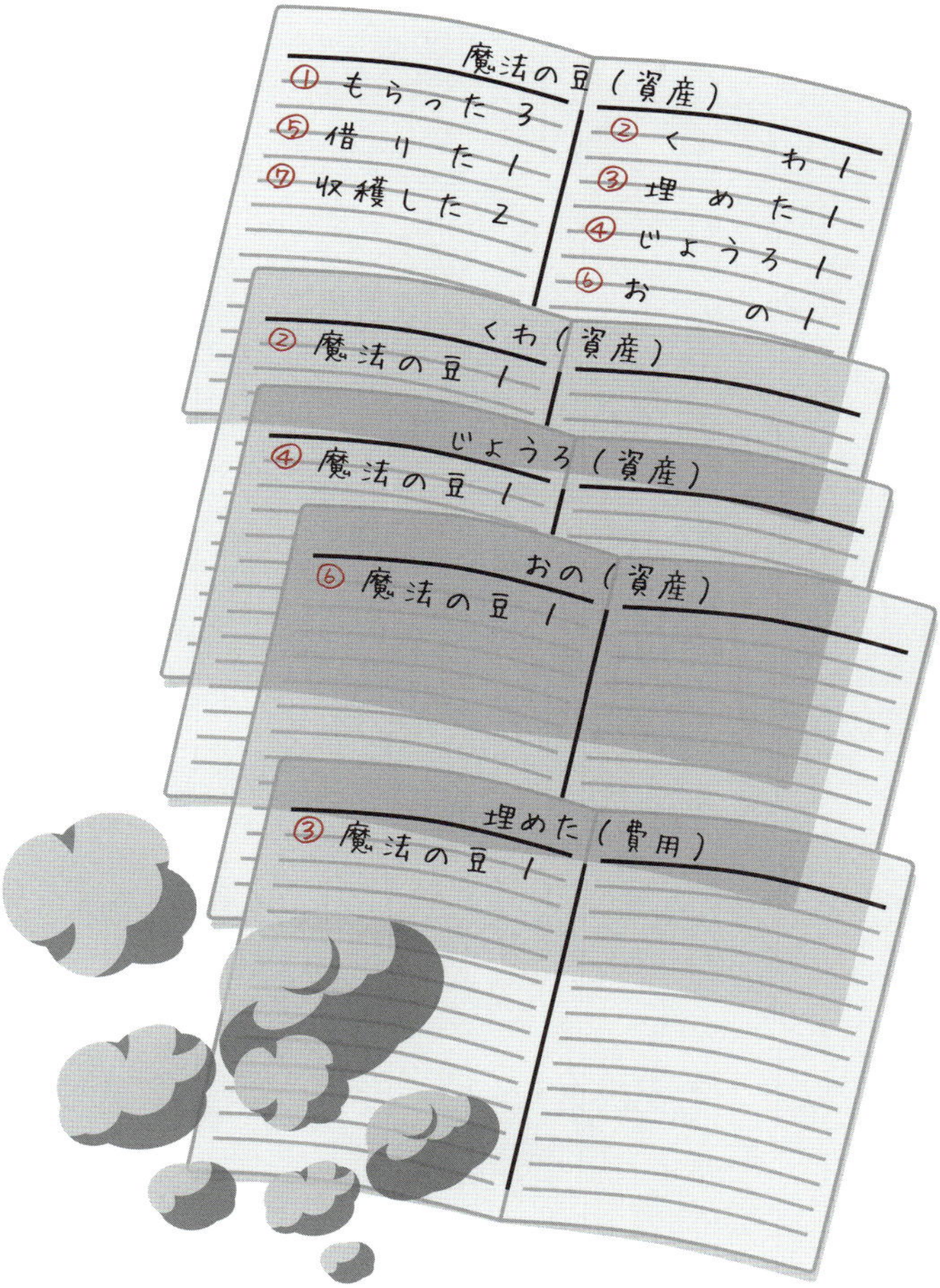

Tの形の線と
文字だけが残りました。

魔法の豆

①もらった	3	②くわ	1
⑤借りた	1	③埋めた	1
⑦収穫した	2	④じょうろ	1
		⑥おの	1

くわ

②魔法の豆	1		

じょうろ

④魔法の豆	1		

おの

⑥魔法の豆	1		

これを「勘定《かんじょう》」というのじゃ。
詳《くわ》しくは『魔法の書』を読むがいい。

借りた

	⑤魔法の豆 1

もらった

	①魔法の豆 3

埋めた

③魔法の豆 1	

収獲した

	⑦魔法の豆 2

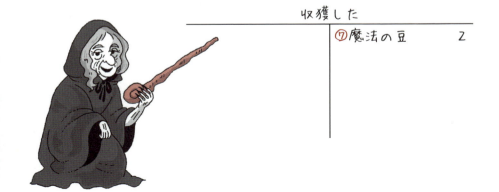

勘定（かんじょう）

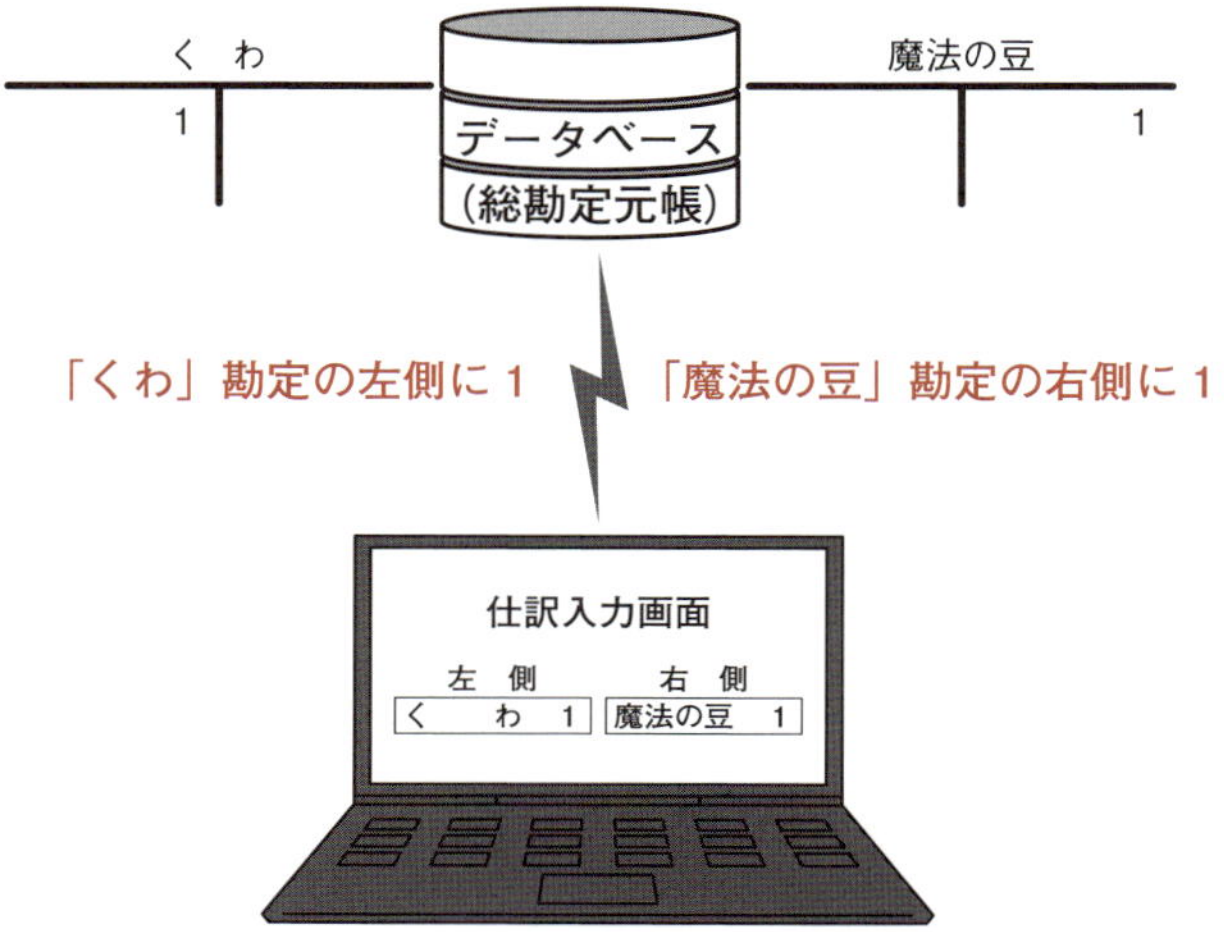

（取引）魔法の豆1つをくわに変えた。

仕訳帳の記録は取引の発生順に並んでいます。これでは、項目別に集計したいときには不便です。そこで、仕訳と同時に、項目別のデータベース（総《そう》勘定《かんじょう》元《もと》帳《ちょう》）にも記録しておきます。

このとき、ノートの形を模したT字型のフォーマット（書式）を使います。このフォーマットのことを**勘定**《かんじょう》といいます。そして、T字の横棒の上に書いてある項目名を**勘定科目**《かんじょうかもく》といいます。

そして、左に仕訳された金額を勘定の左に、右に仕訳された金額を勘定の右に転記します。

入力画面とハードディスク

取引は、仕訳されて、勘定に転記されます。このときの仕訳と勘定の関係は、コンピュータの入力画面とハードディスクの関係に似ています。

日本語の文章ではコンピュータに入力できません。同じ取引でも、人によって表現が違うからです。そこで、コンピュータでも認識できる共通の入力形式が必要です。それが仕訳です。

入力された情報は、ハードディスク内のデータベースに記録されます。

データベースは、あとで検索しやすいように、項目（勘定科目）別に分類されています。

「現金はいくらあるんだっけ？」と思えば現金勘定を、「商品はいくらあるんだっけ？」と思えば商品勘定を見ればよいのです。

左は左に、右は右に

勘定に記載するべき最も重要な情報は「**金額**」です。左に仕訳された金額を左に、右に仕訳された金額を右に記入します。大事なことなので繰り返します。「**左は左に、右は右に**」です。

その他の情報、日付（本書では丸数

（取引）　　① 銀行で50円を借りた。

（二面に分解）　現金（資産）を手に入れた。　　借金（負債）が増えた。

（仕訳）　　現　金 50 ／ 借入金 50

（勘定記入）

現　金	
① 借入金 50	

借入金	
	① 現　金 50

字）や反対側の勘定科目は、単なる補足情報です。場合によっては、なくてもよいものです。

上の図の現金勘定の左側は「現金が50増えた。（補足情報）借入金として。」と読みます。

片側に複数の勘定科目がある場合

例えば、商品を売り上げたとき、仕訳の左側は「現金」、右側は「商品」と「商品売買益」の2つになります。

まず重要なのは金額ですから、「現金」勘定の左に60、「商品」勘定の右に50、「商品売買益」勘定の右に10と書きます。こ

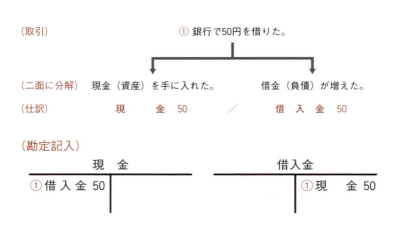

（取引）　⑪ 原価50円の商品を60円で売り渡し、代金は現金で受け取った。

（二面に分解）　現金（資産）が増加した。／商品（資産）が減った。商品売買益（収益）が発生した。

（仕訳）　現　金 60 ／ 商　品 50、商品売買益 10

（勘定記入）

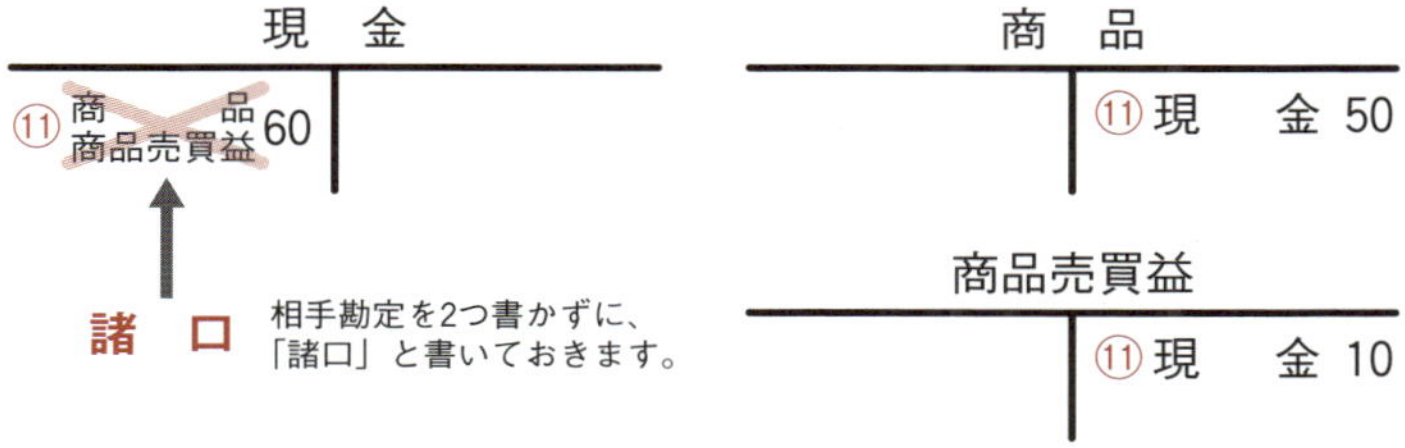
現　金
⑪ 商　品
商品売買益 60
諸　口
相手勘定を2つ書かずに、「諸口」と書いておきます。
商　品
⑪ 現　金 50
商品売買益
⑪ 現　金 10

こまでは大丈夫ですね。

困るのは摘要欄《てきようらん》（メモ）です。「現金」の相手勘定は、「商品」と「商品売買益」の2つです。2行に分けたり、字を小さくしたりしないと書けません。

このようなときは、全部書くことをあきらめて、「**諸口**《しょくち》」と書きます。諸口とは、「いろいろあって書き切れない」という意味です。

摘要欄はメモですから、この程度でいいのです。「諸口って何？」などと、真剣に悩まないでくださいね。

実際の勘定

実際に使われている勘定は、じつは単純なT字型ではなく、下のような表になっています。線の数が増えていますが、なんとなくT字が隠れているのが見えるでしょうか。

「摘要《てきよう》」というのは、前ページでも少し触れましたが、「要点の抜き書き」という意味、つまりメモのことです。

また、繰り返しになりますが、「借方」「貸方」は、それぞれ「左」「右」という意味です。もう、大丈夫ですね。

実際の勘定の例

現　金

20××年		摘　要	借　方	20××年		摘　要	貸　方
4	1	資本金	500	4	2	備品	200
	5	借入金	300				

クイズ

次の勘定記録を見て、どのような取引が行なわれたのかを当ててください。

第1問

現　金

	5/12 商　品　50

第2問

備　品

6/5 未払金　20	

第3問

買掛金

6/20 現　金　50	

第4問

現　金

6/24 諸　口　55	

商　品

	6/24 現　金　40

商品売買益

	6/24 現　金　15

勘定記入のルールを
理解できたかな?

Chapter 6

131ページのクイズのこたえ

第１問　5/12　商品50円を仕入れて、代金は現金で支払った。
第２問　6/ 5　備品20円を購入して、代金はまだ払っていない。
第３問　6/20　買掛金50円を、現金で支払った。
第４問　6/24　原価40円の商品を55円で売り上げて、代金は現金で受け取った。

eeping

試算表

Bookk

簿記ものがたり⑨

勘定記入は理解できたかな。
こうしてできた勘定に、もう一度、魔法をかけるよ。

シマサンヒマョウマニナレ

お婆さんが呪文を唱《とな》えると……

魔法の豆

①もらった	3	②くわ	1
⑤借りた	1	③埋めた	1
⑦収穫した	2	④じょうろ	1
		⑥おの	1

くわ

②魔法の豆	1		

6	魔法の豆	4
1	くわ	
1	じょうろ	
1	おの	
	借りた	1

ガシャン
ガシャン
ガシャン

整理すると…

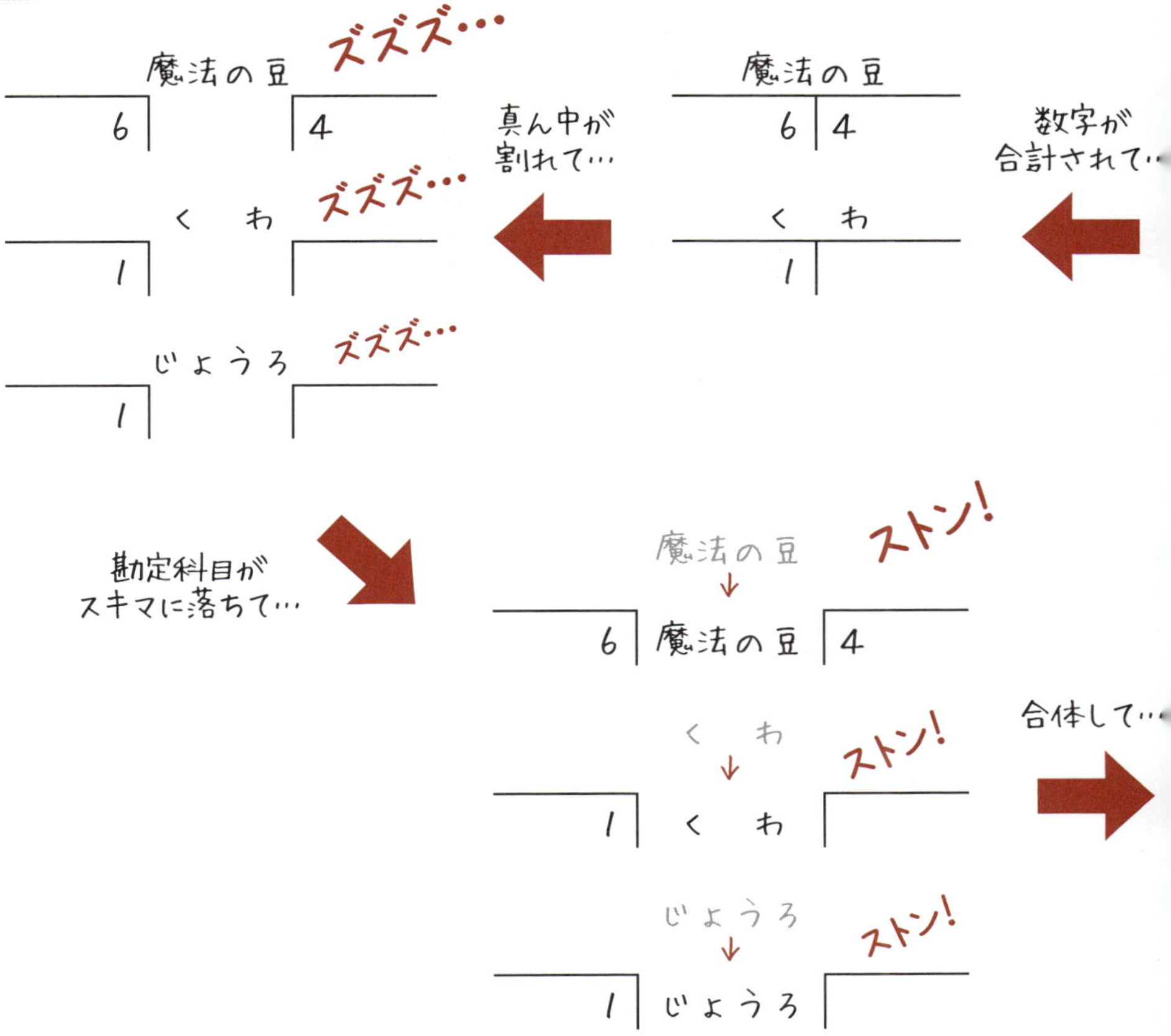

次のページへ続くよ

6	魔法の豆	4
1	くわ	
1	じょうろ	
1	おの	
	借りた	1

試算表《しさんひょう》ができあがりました！

試算表

	左 左に記入された数の合計	勘定科目	右 右に記入された数の合計	
資産	6	魔法の豆	4	
資産	1	くわ		
資産	1	じょうろ		
資産	1	おの		
		借りた	1	負債
		もらった	3	資本
		収穫した	2	収益
費用	1	埋めた		
	10		10	

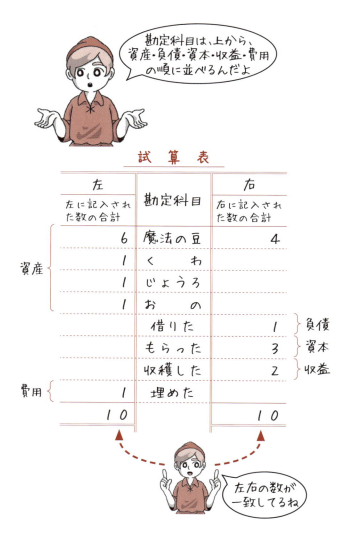

さらに、左右の金額を比べて、その差額（残高《ざんだか》）を書くのじゃ。
左が大きければ、残高を左に、右が大きければ、残高を右にな。

左に6、右に4だから、
左のほうが2多いね。だから
左に2と書くよ

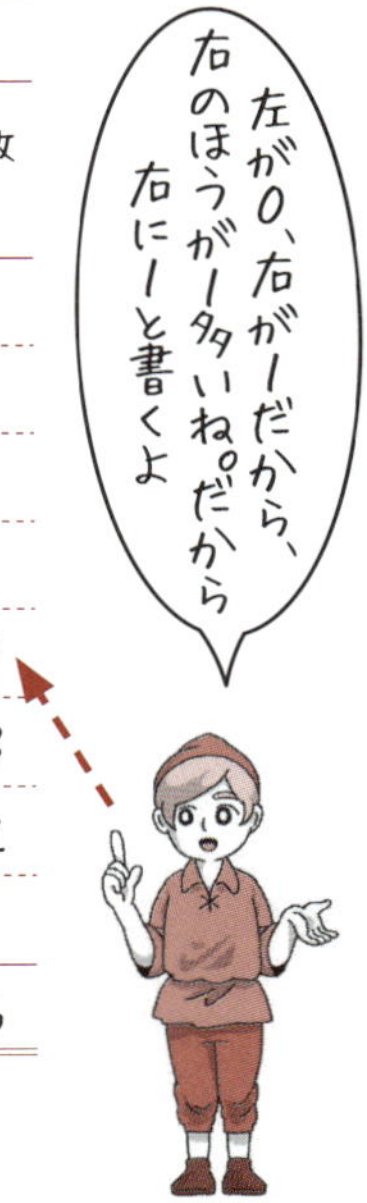
左が0、右が1だから、
右のほうが1多いね。だから
右に1と書くよ

試算表

左		勘定科目	右	
残っている数（左−右）	左に記入された数の合計		右に記入された数の合計	残っている数（右−左）
2	6	魔法の豆	4	
1	1	くわ		
1	1	じょうろ		
1	1	おの		
		借りた	1	1
		もらった	3	3
		収穫した	2	2
1	1	埋めた		
6	10		10	6

試算表

	左：残っている数（左−右）	左	勘定科目	右	右：残っている数（右−左）	
資産	2		魔法の豆			
資産	1		くわ			
資産	1		じょうろ			
資産	1		おの			
			借りた		1	負債
			もらった		3	資本
			収穫した		2	収益
費用	1		埋めた			
	6				6	

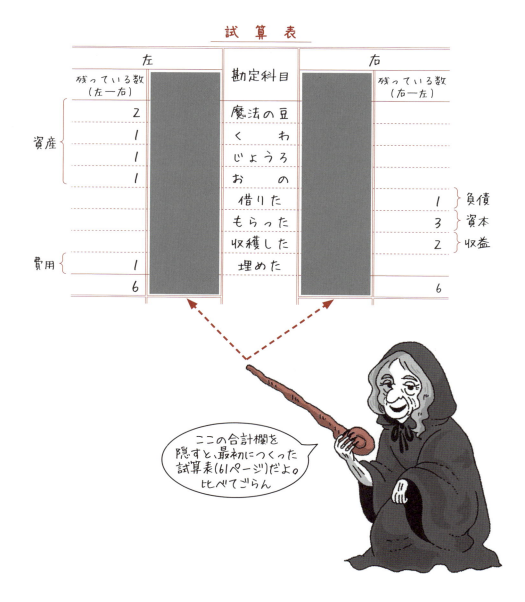

合計欄《ごうけいらん》を隠すと、
最初につくった試算表と同じだよ。
試算表をつくる手順はわかったかな。
ここまでできれば、
「簿記の魔法」の入門編は終わりじゃや。
さらに精進《しょうじん》するがよい。

試算表（しさんひょう）

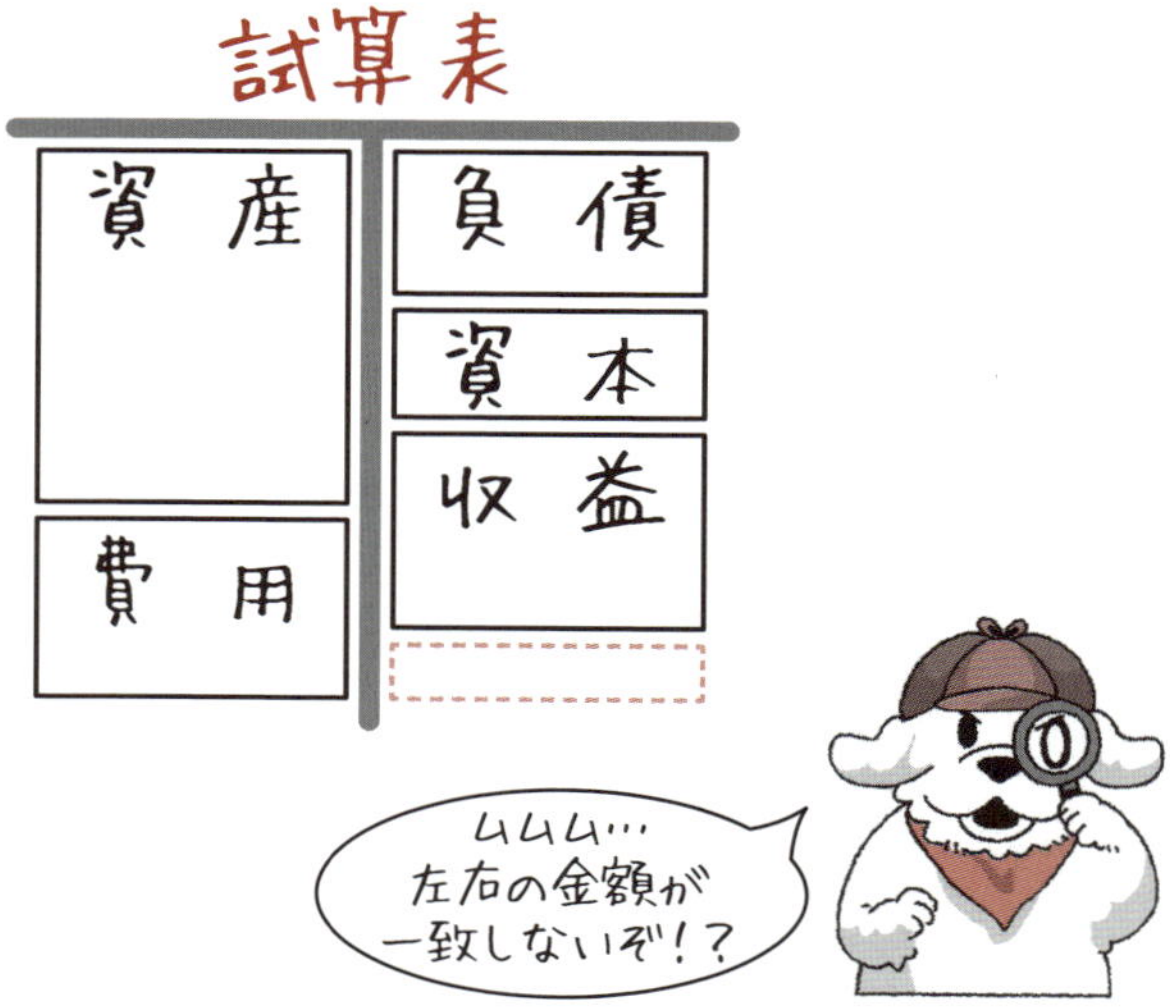

試算表《しさんひょう》は、**貸借平均の原理**を使って、勘定に記入された数字が正しいかどうかを確かめるための表です。勘定科目をタテに並べて、それぞれの勘定の左側の合計を左側に、右側の合計を右側に書きます。そして、左側の数字をタテに合計し、右側の数字をタテに合計します。

取引の二面性に従って仕訳をして、左に仕訳された数字を勘定の左、右に仕訳された数字を勘定の右に記入するというルールが守られていれば、左右のタテの合計は必ず一致します。

一致しなければ、記入に間違いがあるということです。

試算表の種類

試算表には3種類あります。合計試算表、合計残高試算表、残高試算表です。

■合計試算表《ごうけいしさんひょう》

勘定の左の合計を左に、右の合計を右に書いた一覧表を**合計試算表**といいます。勘定をタテに合体させただけのものです。

合計試算表

借方合計	勘定科目	貸方合計
6	魔法の豆	4
1	くわ	
1	じょうろ	
1	おの	
	借りた	1
	もらった	3
	収穫した	2
1	埋めた	
10		10

■合計残高試算表《ごうけいざんだかしさんひょう》

合計試算表の各勘定科目について、左から右を引いた、あるいは右から左を引いた差額（残高）を合計欄の外側に加えたものを**合計残高試算表**といいます。

合計残高試算表

借方		勘定科目	貸方	
残高	合計		合計	残高
2	6	魔法の豆	4	
1	1	くわ		
1	1	じょうろ		
1	1	おの		
		借りた	1	1
		もらった	3	3
		収穫した	2	2
1	1	埋めた		
6	10		10	6

■残高試算表《ざんだかしさんひょう》

合計残高試算表から合計欄を取り除いて、残高欄だけを残したものを**残高試算表**といいます。この本の最初（61ページ）に出てきた試算表は残高試算表です。

残高試算表

借方残高	勘定科目	貸方残高
2	魔法の豆	
1	くわ	
1	じょうろ	
1	おの	
	借りた	1
	もらった	3
	収穫した	2
1	埋めた	
6		6

合計試算表とはこの部分が違います。

試算表で誤りを見つける

試算表は、記帳の誤りを見つけるための表ですが、見つけられない誤りもあります。

まず、見つけられる誤りは次のとおりです。

■見つけられる誤り

① 左右どちらかを記入し忘れた。
② 左のものを右に記入してしまった。
③ 右のものを左に記入してしまった。
④ 左右どちらかの記入する金額を間違えた。

一方、見つけられない誤りは次のとおりです。

■**見つけられない誤り**

①まったく記入しなかった。

②左右は間違えずに、違う勘定に記入してしまった。

これらの場合は、誤っていても左右の金額は一致するので、誤りを発見できません。

バランスを
崩さないように盗めば、
バレないのさ

それからルカは、
お婆さんに教えてもらった簿記の魔法を使って、
商売をするようになりました。

すると、
いくら儲かっているのかがよくわかり、
商売がうまくいくようになりました。

何十年かたって、ルカはすっかり大人になりました。
ルカは、お婆さんにもらった『魔法の書』を、
村の人にも見せてあげました。
その本のタイトルは、『**スンマ**』といいます。
意味はわかりません。きっと、魔法の言葉です。

ルカが伝えた魔法は、村の人たちだけでなく、
国中、いや、世界中に広まりました。
そして、5百年たった今では、
人々の豊かな暮らしに
欠かせないものとなっています。

日本には、今から150年ほど前に伝えられました。

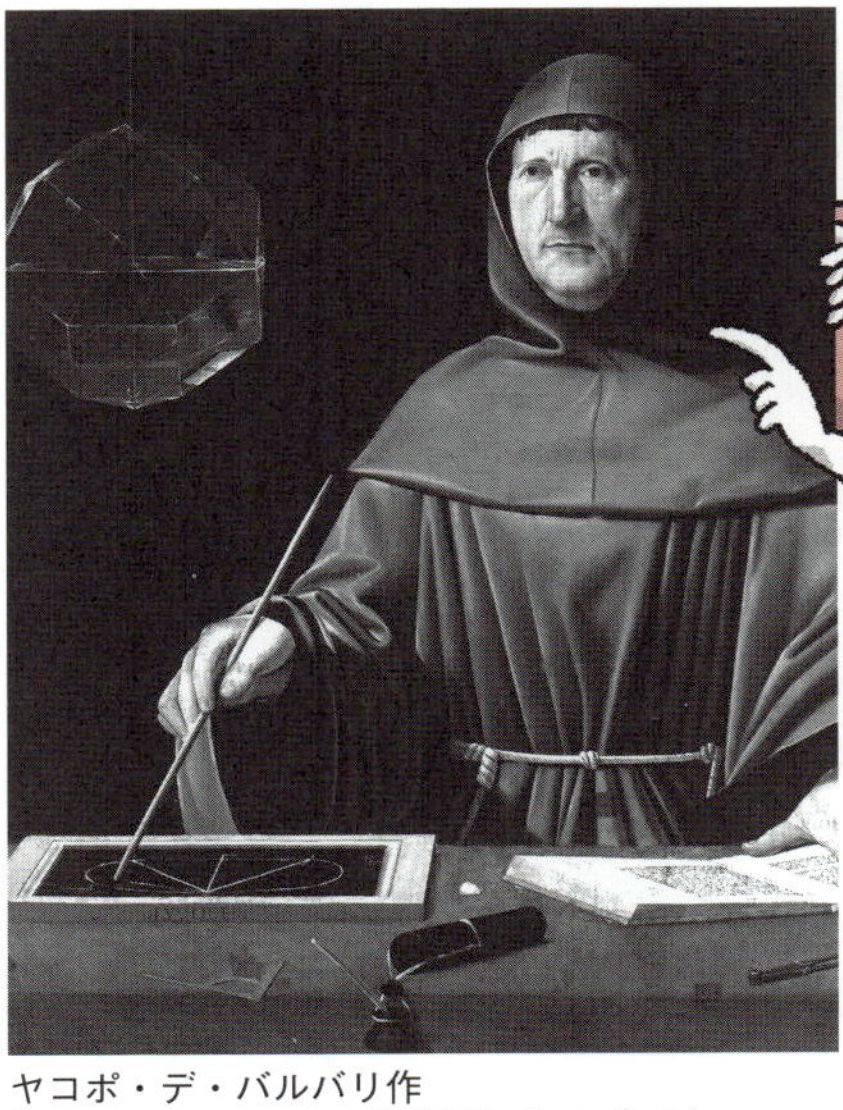

ヤコポ・デ・バルバリ作
『ルカ・パチョーリの肖像画』（1495年？）

ところで、ルカ。
おまえに貸した豆を1つ、
まだ返してもらっておらんぞ。
貸した豆を返してもらうと、どうなるのかな。
仕訳をしてごらん。

答えは巻末（187ページ）にあります。

Part 3

少しだけレベルアップする。

Chapter 7

eeping

三分法

Bookk

ルカ、おまえが村で小麦を仕入れるときには、どんな仕訳になるかの。

こうなるよ。

それでは、その小麦を町で売るときの仕訳はどうじゃ。

こうなるよ。

よろしい。

おまえは、毎日、村で小麦を仕入れて、
町で小麦を売っている。
売るたびに、商品売買益を計算するのは
面倒《めんどう》ではないかい？

それは、たしかに面倒だけど……

それじゃあ、
手間《てま》を省《はぶ》く方法を教えてやろう。

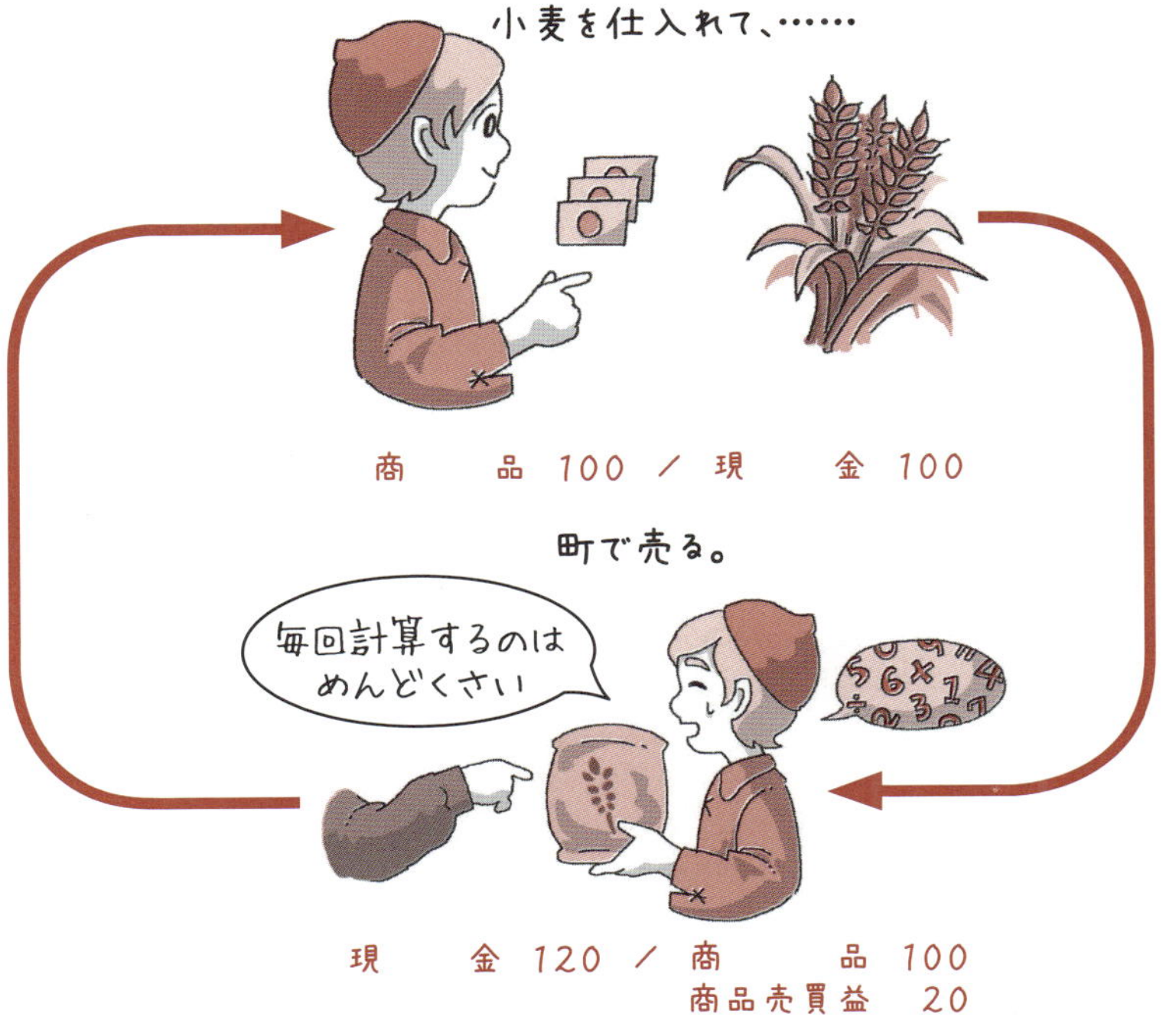
小麦を仕入れて、……
商　　品 100 ／ 現　　金 100
町で売る。
毎回計算するのはめんどくさい
現　　金 120 ／ 商　　品 100
商品売買益　20

仕入れたときには、「商品」ではなく、
「**仕入**」と書くのじゃ。
売ったときには、「商品」と「商品売買益」を使わずに、
「**売上**」とだけ書くのじゃ。

100円の商品を現金で仕入れた。

仕	入	100	/	現	金	100

原価100円の商品を120円で売って、
代金は現金で受け取った。

現	金	120	/	売	上	120

たしかに簡単だけど…。
原価100円はいらないの？
もうけが20円って
わからないよ

「仕入」は費用じゃ。
仕入れた商品（資産）は
たしかに増えているのじゃが、
そのことを、あえて考えない。
そうすると、
支払いだけが発生したことになる。
だから、費用じゃな。

「売上」は収益じゃ。
実際には、商品（資産）を
手放しているのじゃが、
そのことは考えない。
受け取った代金だけを考える。
だから収益じゃ。

消耗品を買ったときに似ているよ。たとえ消しゴムが手もとにあっても、消耗品費(費用)にするからね

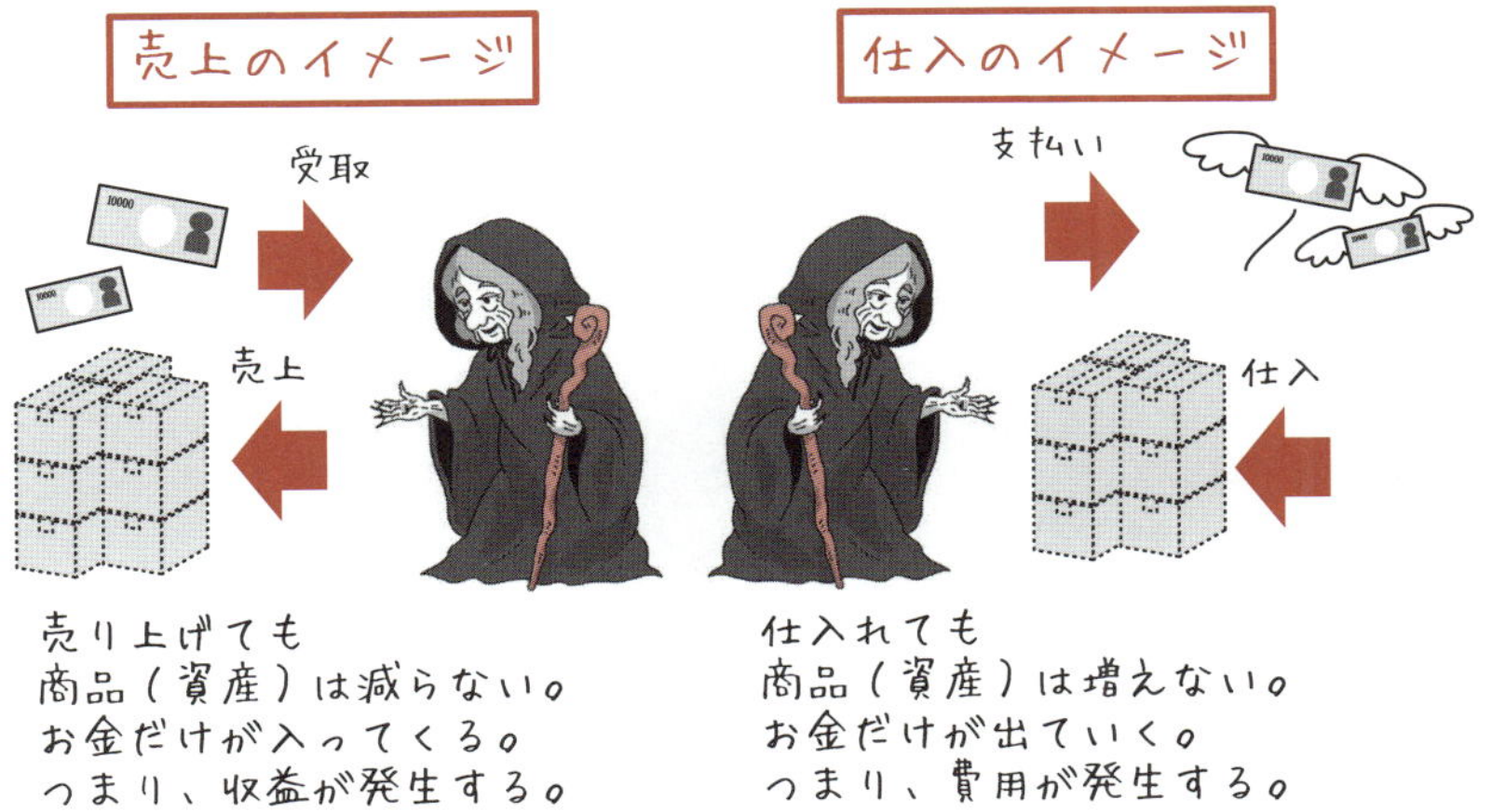
仕入のイメージ
支払い
仕入
仕入れても
商品（資産）は増えない。
お金だけが出ていく。
つまり、費用が発生する。
売上のイメージ
受取
売上
売り上げても
商品（資産）は減らない。
お金だけが入ってくる。
つまり、収益が発生する。

費用の「仕入」と収益の「売上」は
損益計算書《そんえきけいさんしょ》にまとめられるから、
そこで、利益が計算される。

なるほど！
これなら、毎回、売った商品の原価を
調べる必要がないね。
毎日の記帳が楽になるよ。

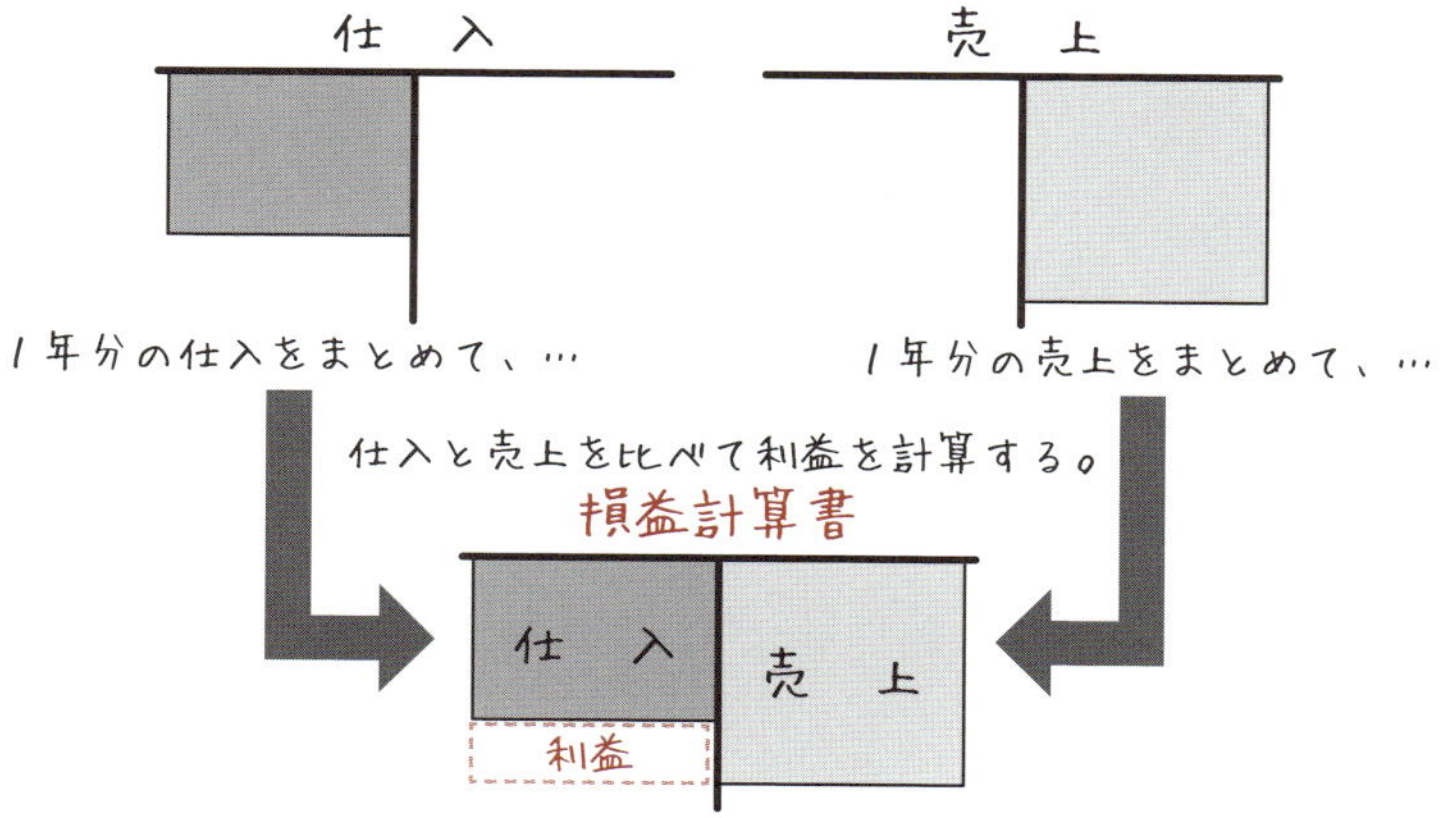

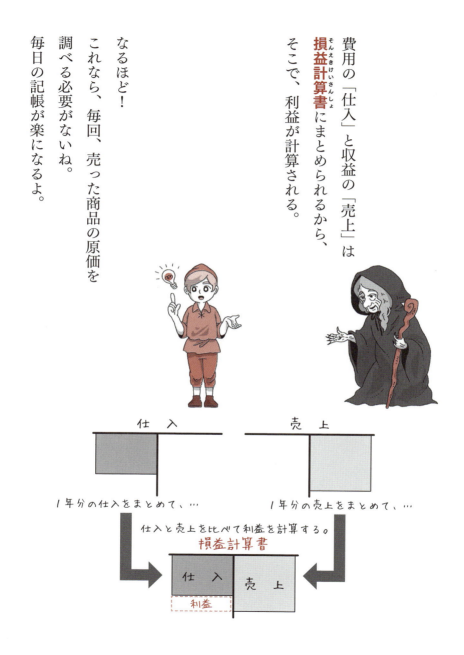

でも、売れ残ったときはどうするの？
ときどき、たくさん仕入れすぎて、
売れ残ることもあるんだ。
そんなときは、
仕入が多くて、売上が少ないから、
赤字になっちゃうのかな。

そういうときは、売れ残った分を
「**繰越商品**《くりこししょうひん》」という資産にするのじゃ。
「仕入」という費用を減らして、
「繰越商品」という資産を増やす。

そうすれば、「仕入」は
売れた商品の原価だけになるじゃろ。

試算表でイメージしてごらん。売れ残りを、仕入(費用)から資産に移すというのは、こういうことじゃ

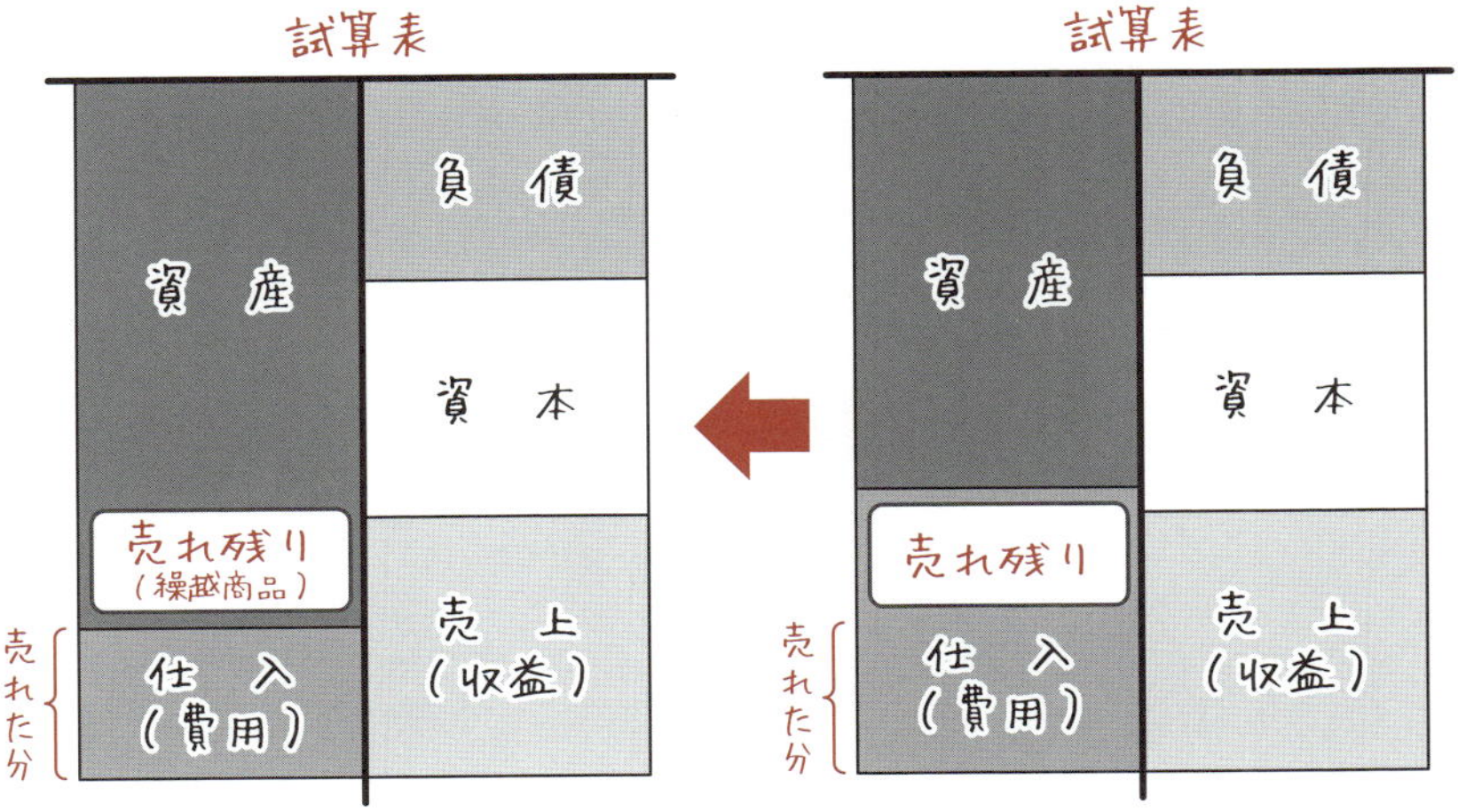
試算表
資産
負債
資本
売れ残り
仕入（費用）
売上（収益）
売れた分
試算表
資産
負債
資本
売れ残り（繰越商品）
仕入（費用）
売上（収益）
売れた分

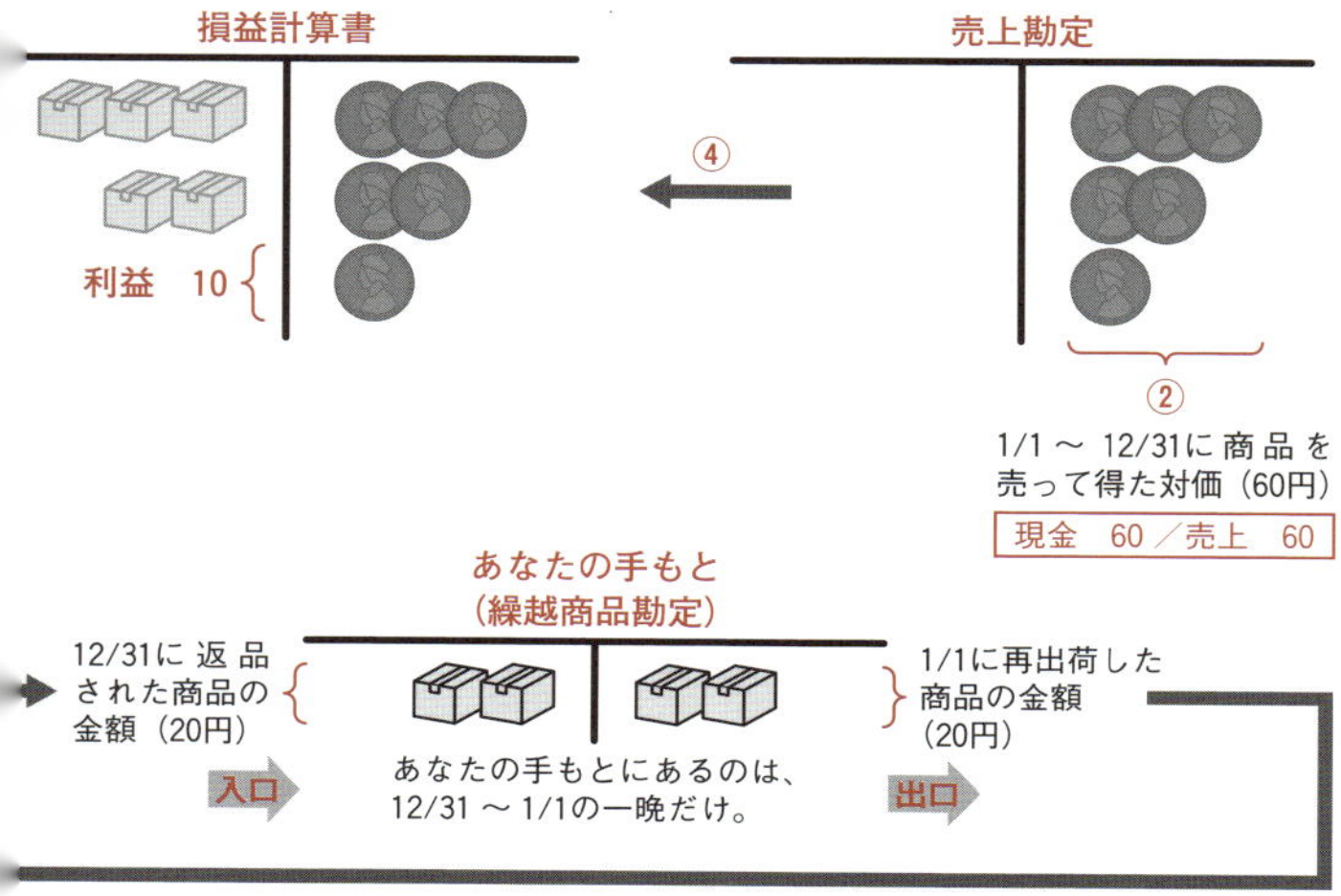

三分法（さんぶんぽう）

商品を売るたびに商品売買益を計算して記帳するのは手間がかかります。

そこで、その計算を**期末にまとめてやってしまおう**というのが**三分法**《さんぶんぽう》です。「**仕入（費用）**」「**売上（収益）**」「**繰越商品（資産）**」の3つの勘定を使うので、この名前がついています。

これに対して、「商品」「商品売買益」を使う方法は、収益を分けて記帳するので、**分記法**《ぶんきほう》とよばれます。

商品売買の記帳には、三分法を使うのが一般的です。

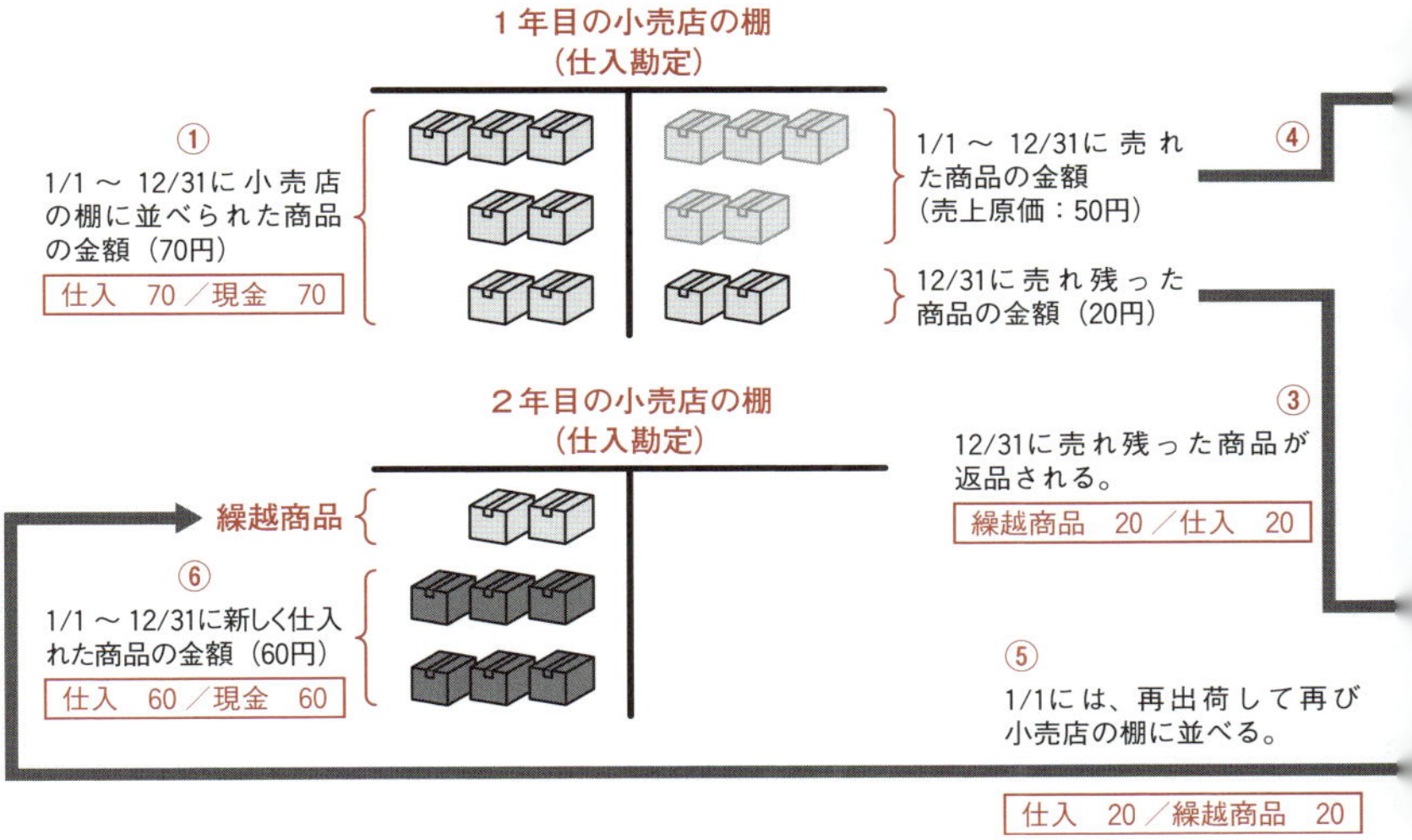
1年目の小売店の棚
(仕入勘定)
①
1/1 ～ 12/31に小売店の棚に並べられた商品の金額（70円）
仕入　70／現金　70
1/1 ～ 12/31に売れた商品の金額
(売上原価：50円)
④
12/31に売れ残った商品の金額（20円）
2年目の小売店の棚
(仕入勘定)
③
12/31に売れ残った商品が返品される。
繰越商品　20／仕入　20
繰越商品
⑥
1/1 ～ 12/31に新しく仕入れた商品の金額（60円）
仕入　60／現金　60
⑤
1/1には、再出荷して再び小売店の棚に並べる。
仕入　20／繰越商品　20

三分法の手順

三分法の難しさは、ものの流れと、数字の流れが一致しないことです。商品を仕入れても、商品という資産が増えない、商品を売っているのに、商品という資産は減らない、という不思議な記帳方法です。そこで、説明のために、ものの流れを、数字の流れに無理矢理合わせてみると、次のようになります。

あなたは卸問屋《おろしどんや》だとしましょう。メーカーから仕入れた商品は、すべて小売店の店頭に置いてもらいます。あなたの手もとに商品は残りません。

年末には、売れ残った商品が返品されます。そして、翌年の最初には、前の年に売れ残った分も含めて、再び、小売店の店頭に商品を並べてもらいます。

①あなたが、メーカーから商品70円を仕入れたとき、商品はすべて小売店に運ばれます。あなたの手もとに商品は残りません。あなたには、代金70円の支払いだけが発生します。そこで、仕入れによって「**仕入**」という**費用**70円が発生すると考えます。

②小売店の店頭に並べられた商品のうち、一部（原価50円分）が60円で売れました。もともと、あなたの手もとに商品はありませんから、商品（資産）に変化はありません。あなたには「**売上**」という**収益**60円が発生し、代金を手に入れます。

③店頭に並べた商品のうち、一部（原価20円分）が売れ残りました。売れ残った商品は、あなたの手もとに返品されます。このとき、①で発生させた費用（仕入）を20円分減らして、資産を20円分増加させます。これによって、「仕入」には、売れた商品の金額だけが残ります。返品された商品を「**繰越商品《くりこししょうひん》（資産）**」といいます。

④あなたの商売で発生した費用と収益

を損益計算書に記入します。費用は、70円－20円＝50円ですね。売上は、売れた商品の代金60円ですね。利益は60円－50円＝10円となります。

⑤返品された商品20円は、翌年の最初には、再び、あなたの手もとからなくなって、小売店の店頭に並べられます。このとき、③で増えた20円分の資産を減らして、費用を20円分発生させます（③とは逆の仕訳です）。

⑥翌年も、また、新しい商品60円を仕入れたら、小売店の店頭に並べます。

三分法の手続きを仕訳で示すと、次のようになります。

（1年目）

① 商品70円を仕入れた。
仕　入 70 ／ 現　金 70

② 商品を60円で売った。
現　金 60 ／ 売　上 60

③ 売れ残り商品20円が返品される。
繰越商品 20 ／ 仕　入 20

④ 利益を計算する。

（2年目）

⑤ 返品された売れ残り商品20円を、再び店頭に並べる。
仕　入 20 ／ 繰越商品 20

⑥ 新たに商品60円を仕入れた。
仕　入 60 ／ 現　金 60

※この仕訳の順序は、三分法の仕組みを説明するためのものです。
実際には、繰越商品の処理（③と⑤）は、決算時に行なわれます。

Chapter 8

eeping

減価償却

Bookk

あと、覚えておくべきことは、
減《げん》価《か》償《しょう》却《きゃく》じゃ。
こうやって利益を計算したら、
おかしいと思わないかい？

赤字に
なっちゃった。最初、
ボクはこうやって
考えたよ

1年目
魔法の豆３つで
道具を手に入れた。

収　益		
	収穫した豆	2
費　用		
	埋めた豆	1
	道　　具	3
利益		－2

2年目
同じ道具を使って
豆を育てた。

収　益		
	収穫した豆	2
費　用		
	埋めた豆	1
	道　　具	0
利益		1

同じように仕事をしたのに、
利益が違うって、
おかしいだろう。
そこで、こんなふうにするのじゃ。

1年目
魔法の豆３つで
道具を手に入れた。

道具は、10年使うつもりなので、
10年で均等負担することにした。
３つ÷10＝0.3
１年分の道具代は、0.3だ。

収　益		
	収穫した豆	2
費　用		
	埋めた豆	1
	道　　具	0.3
利益		0.7

2年目
同じ道具を使って
豆を育てた。

収　益		
	収穫した豆	2
費　用		
	埋めた豆	1
	道　　具	0.3
利益		0.7

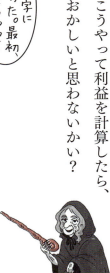

3年目
同じ道具を使って
豆を育てた。

収　益	
収穫した豆	2
費　用	
埋めた豆	1
道　　具	0
利益	1

あれれっ?
同じ道具を使って、
同じように豆を育てているのに、
2年目以降は利益が出てるよ。

2年目以降は、
道具をタダで使っているからじゃ。

3年目
同じ道具を使って
豆を育てた。

入門編では、ボクは
減価償却をしていなかったんだね。
正しい利益は、0・7だったんだ。

収　益	
収穫した豆	2
費　用	
埋めた豆	1
道　　具	0.3
利益	0.7

減価償却
（げんかしょうきゃく）

二人とも私のときに買った設備を使っているのに、費用を負担しないなんて不公平だ
3代目
設備にタダ乗り
社長
2代目
設備にタダ乗り
社長
1代目
設備投資した
社長

	3代目	2代目	1代目
収　益			
売上高	500	500	500
費　用			
売上原価	300	300	300
設 備 費	0	0	450
利　益	200	200	−150

簿記や会計に関わらない人でも、**減価《げんか》償却《しょうきゃく》**という言葉を聞いたことがあるかもしれません。簡単にいえば、「古くなった資産の帳簿上の価額《かがく》を下げること」を減価償却といいます。

簿記を勉強した人、「取引の二面性」を知っている人ならば、「資産の価額が減る」という出来事と同時に起きるもう1つの出来事が気になるのではないでしょうか。

それは、「減価償却**費**」という**費用の発生**です。つまり、資産の価額を減らして、費用を発生させるという手続き、それが「減価償却をする」ということなのです。

例えば、10年使えるシャンプーを買ったとします。何となく、シャンプーは費用にしたいところですが、全額を買った年の費用に計上すると、最初の年は大赤字です。

そこで、これが10年使えることから、まずは資産（**固定資産**）にします。毎日、頭を洗うので、使った分だけ減ります。減った分だけ、帳簿上の価額も下げます。このとき、「減価償却費」という費用を発生させて、シャンプーという資産の価値を減らすのです（41ページの図参照）。

実感のない費用

たいていの費用は、現金の支出を伴います。しかし、**減価償却費という費用は、いくら発生しても、現金の支出はありません。**建物や備品などの、資産の価値が減っていくだけです。

しかも、**減っているのは、「帳簿上の」価値**だけで、建物や備品はシャンプーのようには減りません。いつも同じように、そこにあるのです。だから、減価償却費は、発生しているという実感がない費用なのです。

減価償却額の計算

$$① \text{減価償却額} = \frac{\text{取得原価}}{\text{耐用年数}}$$

または、

$$② \text{減価償却額} = \frac{\overbrace{\text{取得原価} - \text{残存価額}}^{\text{価値の減少分}}}{\text{耐用年数}}$$

資産の価値をいくら減らすべきかは、上の計算によって求めます。

原則として、①取得に要した金額（**取得原《しゅとくげん》価《か》**）を、使用する予定の年数（**耐用年数《たいようねんすう》**）で割ります。

もし、耐用年数が経過したあとでも資産に価値が残っていて、売却できるような場合には、②その予想売却額（**残存価《ざんぞんか》額《がく》**）を取得原価から引いて、耐用年数で割ります。

こうして、資産の価値の減少分を、使用期間にわたって均等に、費用にしていくのです。

なぜ減価償却をするのか？

よく、減価償却をするのは、資産の（市場）価値が下がるからだと説明されますが、それは正確ではありません。減価償却は、市場価値に合わせて帳簿価額を下げるわけではなく、**固定資産の取得にかかった支出を、各年度に費用として**

12/31　取得原価100円、耐用年数５年、残存価額０円の備品を減価償却する。

減価償却費　20　／　備　　品　20

100円で取得した備品ということ。

20円減価償却したということ。

備　品

100	12/31 減価償却費　20
	つまり、帳簿上の備品の価格は、100円－20円＝80円

減価償却費

12/31 備　　品　20	

均等に割り当てるための手続きです。

そうしないと、例えば、高額の固定資産を買った時期の社長さんは業績が悪いダメな社長といわれて、設備投資も何もしなかった時期の社長さんが、業績が良い優れた社長だといわれてしまうからです。

減価償却しない資産

次のような資産は減価償却しません。

これらは、耐用年数が無限大だからです。

- 土地
- 電話加入権
- ゴルフ会員権
- 保証金
- 骨董品（美術品）など

Chapter 9

eeping

財務諸表分析

Book

実際の**損益計算書**《そんえきけいさんしょ》と**貸借対照表**《たいしゃくたいしょうひょう》を見るがいい。
まずは、貸借対照表じゃ。

（単位：百万円）

	前事業年度（20×7年３月31日）	当事業年度（20×8年３月31日）
負債の部		
流動負債		
支払手形	590	1
電子記録債務	38,883	13,546
買掛金	81,191	80,256
短期借入金	26,000	32,000
未払金	15,333	15,160
未払費用	64,926	64,344
未払法人税等	2,796	3,194
預り金	271,603	321,470
製品保証引当金	7,530	7,289
その他	15,045	25,060
流動負債合計	523,897	562,320
固定負債		
社債	109,999	119,998
長期借入金	267,148	296,705
繰延税金負債	39,703	52,615
退職給付引当金	46,796	48,838
その他	6,347	5,124
固定負債合計	469,993	523,280
負債合計	993,890	1,085,600
純資産の部		
株主資本		
資本金	45,049	45,049
資本剰余金		
資本準備金	62,926	62,926
資本剰余金合計	62,926	62,926
利益剰余金		
利益準備金	10,285	10,285
その他利益剰余金		
特別償却準備金	27	20
固定資産圧縮積立金	1,735	1,630
別途積立金	112,500	112,500
繰越利益剰余金	209,170	240,860
利益剰余金合計	333,717	365,295
自己株式	△71,555	△130,267
株主資本合計	370,137	343,003
評価・換算差額等		
その他有価証券評価差額金	145,803	177,714
繰延ヘッジ損益	△430	△247
評価・換算差額等合計	145,373	177,467
新株予約権	460	−
純資産合計	515,970	520,470
負債純資産合計	1,509,860	1,606,070

（単位：百万円）

	前事業年度 （20×7年３月31日）	当事業年度 （20×8年３月31日）
資産の部		
流動資産		
現金および預金	248,952	235,788
受取手形	2,458	2,317
電子記録債権	26,473	21,695
売掛金	125,630	122,793
有価証券	49,615	45,805
商品および製品	7,445	7,027
仕掛品	13,133	15,535
原材料および貯蔵品	5,189	5,235
繰延税金資産	17,649	17,120
その他	63,238	103,155
貸倒引当金	△2,006	△775
流動資産合計	557,776	575,695
固定資産		
有形固定資産		
建物	54,048	59,731
構築物	9,560	9,493
機械および装置	41,470	48,993
車両運搬具	503	703
工具、器具および備品	9,855	10,607
土地	33,011	33,355
リース資産	1,309	1,245
建設仮勘定	16,475	14,060
有形固定資産合計	166,231	178,187
無形固定資産		
ソフトウェア	7,579	7,510
その他	60	50
無形固定資産合計	7,639	7,560
投資その他の資産		
投資有価証券	172,643	188,674
関係会社株式	417,706	452,972
長期貸付金	137,666	157,555
その他	61,995	60,272
貸倒引当金	△11,796	△14,845
投資その他の資産合計	778,214	844,628
固定資産合計	952,084	1,030,375
資産合計	1,509,860	1,606,070

文字や数字が
いっぱいで難しそう……

（単位：百万円）

	前事業年度 （20×7年３月31日）	当事業年度 （20×8年３月31日）
負債の部		
流動負債		
支払手形	590	1
電子記録債務	38,883	13,546
買掛金	81,191	80,256
短期借入金	26,000	32,000
未払金	15,333	15,160
未払費用	64,926	64,344
未払法人税等	2,796	3,194
預り金	271,603	321,470
製品保証引当金	7,530	7,289
その他	15,045	25,060
流動負債合計	523,897	562,320
固定負債		
社債	109,999	119,998
長期借入金	267,148	296,705
繰延税金負債	39,703	52,615
退職給付引当金	46,796	48,838
その他	6,347	5,124
固定負債合計	469,993	523,280
負債合計	993,890	1,085,600
純資産の部		
株主資本		
資本金	45,049	45,049
資本剰余金		
資本準備金	62,926	62,926
資本剰余金合計	62,926	62,926
利益剰余金		
利益準備金	10,285	10,285
その他利益剰余金		
特別償却準備金	27	20
固定資産圧縮積立金	1,735	1,630
別途積立金	112,500	112,500
繰越利益剰余金	209,170	240,860
利益剰余金合計	333,717	365,295
自己株式	△71,555	△130,267
株主資本合計	370,137	343,003
評価・換算差額等		
その他有価証券評価差額金	145,803	177,714
繰延ヘッジ損益	△430	△247
評価・換算差額等合計	145,373	177,467
新株予約権	460	－
純資産合計	515,970	520,470
負債純資産合計	1,509,860	1,606,070

Point
流動負債。1年以内に返さないといけない負債だよ。

Point
固定負債。返却期限が1年より長い負債だよ。

（単位：百万円

	前事業年度 （20×7年３月31日）	当事業年度 （20×8年３月31日）
資産の部		
流動資産		
現金および預金	248,952	235,78
受取手形	2,458	2,31
電子記録債権	26,473	21,69
売掛金	125,630	122,79
有価証券	49,615	45,8
商品および製品	7,445	7,02
仕掛品	13,133	15,53
原材料および貯蔵品	5,189	5,23
繰延税金資産	17,649	17,12
その他	63,238	103,15
貸倒引当金	△2,006	△77
流動資産合計	557,776	575,69
固定資産		
有形固定資産		
建物	54,048	59,73
構築物	9,560	9,49
機械および装置	41,470	48,99
車両運搬具	503	70
工具、器具および備品	9,855	10,60
土地	33,011	33,35
リース資産	1,309	1,24
建設仮勘定	16,472	14,06
有形固定資産合計	166,231	178,18
無形固定資産		
ソフトウェア	7,579	7,51
その他	60	5
無形固定資産合計	7,639	7,56
投資その他の資産		
投資有価証券	172,643	188,67
関係会社株式	417,706	452,97
長期貸付金	137,666	157,55
その他	61,995	60,27
貸倒引当金	△11,796	△14,84
投資その他の資産合計	778,214	844,62
固定資産合計	952,084	1,030,33
資産合計	1,509,860	1,606,07

ここが資産

Point

まずは、流動資産。1年以内に現金化される資産だよ。早くなくなりそうな（流動性が高い）ものから順番に並んでいるよ。

Point

次は、固定資産。1年より長く使う資産だよ。

左側の合計だよ
数字は多いけど、基本のしくみは同じだね

貸借対照表からは、こんなことがわかるのじゃ。

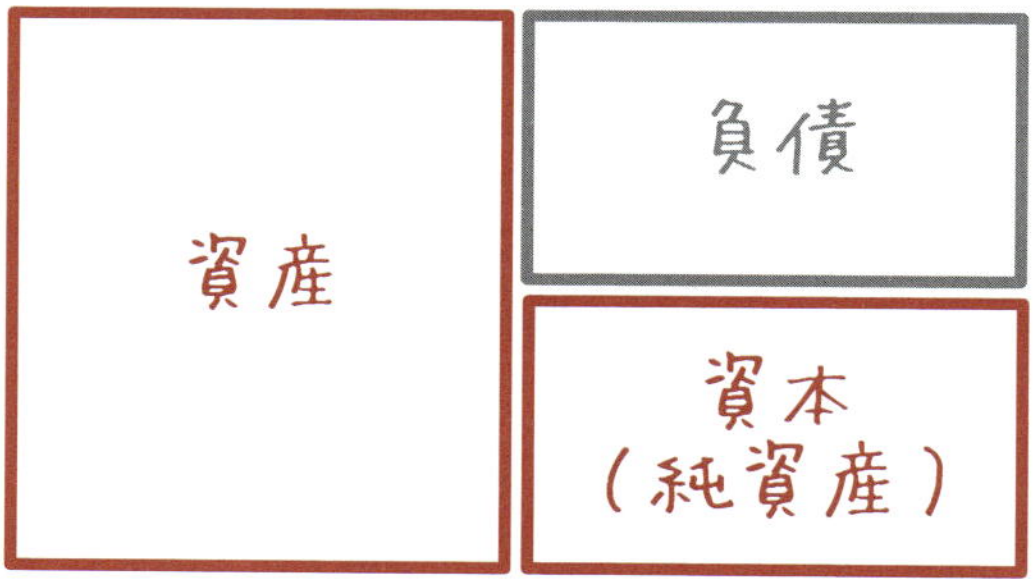

資産
負債
資本
（純資産）

$$自己資本比率 = \frac{自己資本}{資産}$$

もっている資産のうち、返さなくてもよいもの（自分のもの）の割合を表します。

「自己資本」というのは、「資本(純資産)」のことだよ。返さないお金だから、自分のものってことだね

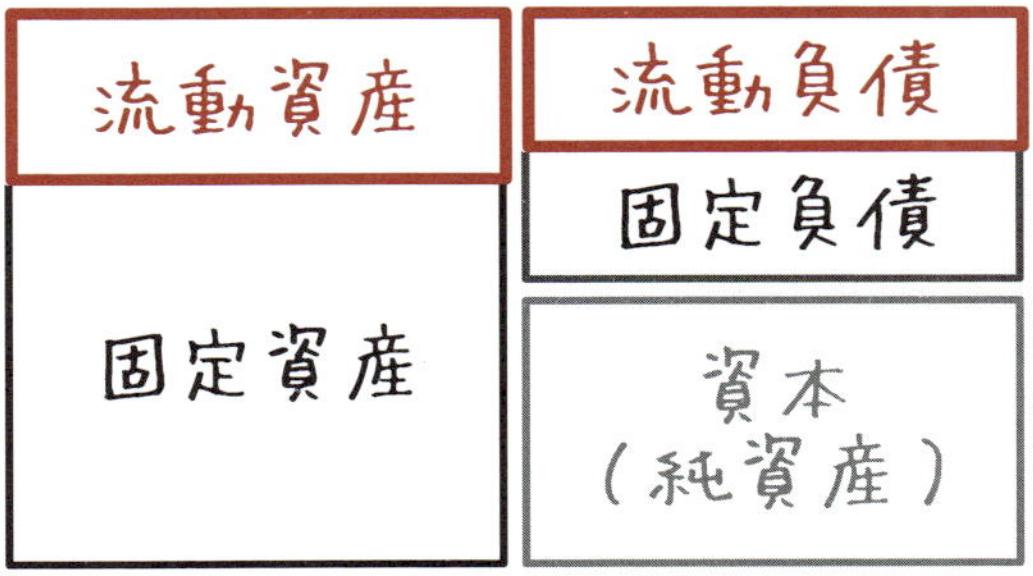

$$\text{流動比率} = \frac{\text{流動資産}}{\text{流動負債}}$$

1年以内に返済する負債と、1年以内に返済に使える資産の割合を表します。1より小さいと、返済できない可能性があります。

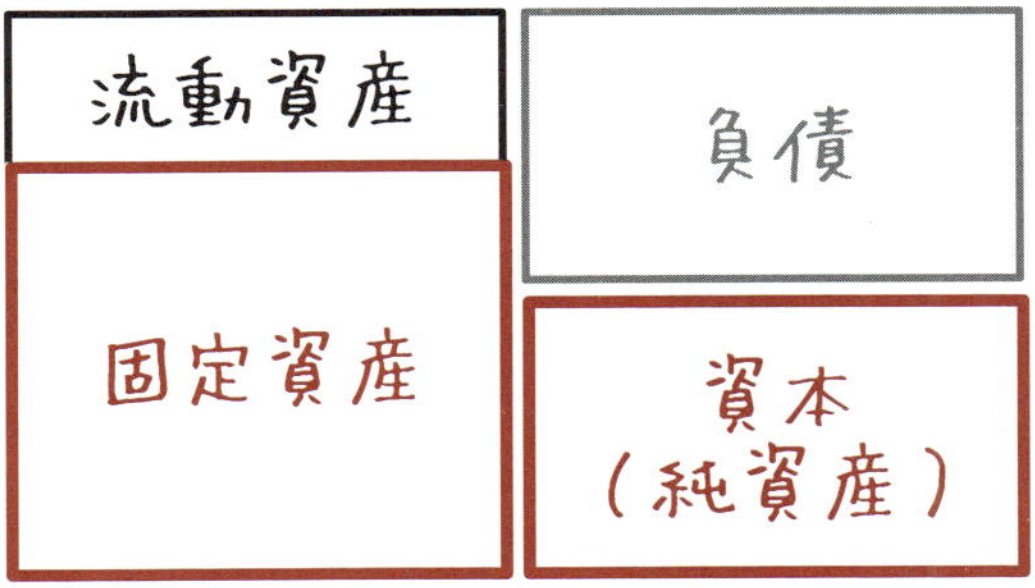

$$\text{固定比率} = \frac{\text{固定資産}}{\text{自己資本}}$$

長く使う資産を、長く使えるお金で買っているかどうかを見る指標です。

次は、損益計算書じゃ。
前に説明したのとは、書き方が違っておる。
これは「報告書形式」という書き方の損益計算書じゃ。
この形の損益計算書を見ることのほうが多いぞ。

（単位：百万円）

	前事業年度 （自 20×6年４月１日 至 20×7年３月31日）	当事業年度 （自 20×7年４月１日 至 20×8年３月31日）
売上高	808,200	852,420
売上原価	716,239	755,612
売上総利益	91,961	96,808
販売費および一般管理費		
運賃および荷造費	12,640	11,803
給料および手当	15,600	16,398
減価償却費	3,845	3,430
研究開発費	15,580	11,490
その他	36,194	23,892
販売費および一般管理費合計	83,859	67,013
営業利益	8,102	29,795
営業外収益		
受取利息および配当金	38,532	53,415
その他	8,980	4,998
営業外収益合計	47,512	58,413
営業外費用		
支払利息	3,487	3,587
その他	5,607	5,653
営業外費用合計	9,094	9,240
経常利益	46,520	78,968
特別損失		
子会社株式評価損	6,871	−
子会社貸倒引当金繰入額	3,222	−
独占禁止法関連損失	2,477	−
特別損失合計	12,570	−
税引前当期純利益	33,950	78,968
法人税、住民税および事業税	7,000	10,200
法人税等調整額	△3,887	△371
法人税等合計	3,113	9,829
当期純利益	30,837	69,139

あれっ？
なんか変だぞ。
左と右に分かれてないね。

よく見てごらん。
利益が全部で5つある。
売上高から、
費用を少しずつ、
順番に引いて
いくのじゃ。

まずは売上高からスタート！

（単位：百万円）

	前事業年度 （自　20×6年４月１日 至　20×7年３月31日）	当事業年度 （自　20×7年４月１日 至　20×8年３月31日）
売上高	808,200	852,420
売上原価	716,239	755,612
❶ **売上総利益**	91,961	96,808
販売費および一般管理費		
運賃および荷造費	12,640	11,803
給料および手当	15,600	16,398
減価償却費	3,845	3,430
研究開発費	15,580	11,490
その他	36,194	23,892
販売費および一般管理費合計	83,859	67,013
❷ **営業利益**	8,102	29,795
営業外収益		
受取利息および配当金	38,532	53,415
その他	8,980	4,998
営業外収益合計	47,512	58,413
営業外費用		
支払利息	3,487	3,587
その他	5,607	5,653
営業外費用合計	9,094	9,240
❸ **経常利益**	46,520	78,968
特別損失		
子会社株式評価損	6,871	－
子会社貸倒引当金繰入額	3,222	－
独占禁止法関連損失	2,477	－
特別損失合計	12,570	－
❹ **税引前当期純利益**	33,950	78,968
法人税、住民税および事業税	7,000	10,200
法人税等調整額	△3,887	△371
法人税等合計	3,113	9,829
❺ **当期純利益**	30,837	69,139

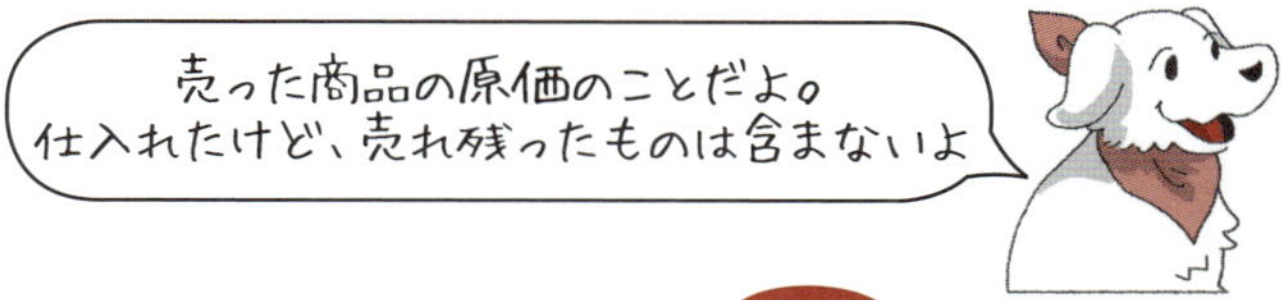
売った商品の原価のことだよ。
仕入れたけど、売れ残ったものは含まないよ

Point

❶ 売上高から売上原価を引いて**売上総利益**。
粗利(あらり)ともいうよ。

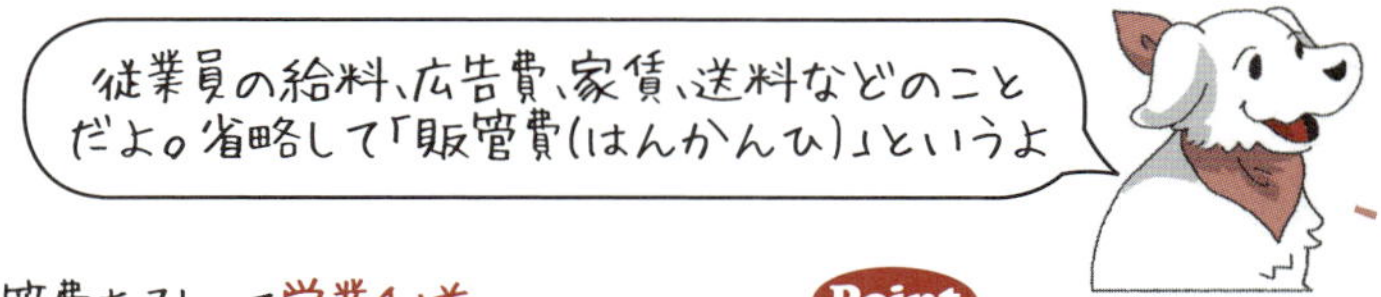
従業員の給料、広告費、家賃、送料などのこと
だよ。省略して「販管費(はんかんひ)」というよ

Point

❷ 売上総利益から、販管費を引いて**営業利益**。
商売が上手にできたかどうかは、この数字を見るんだよ。

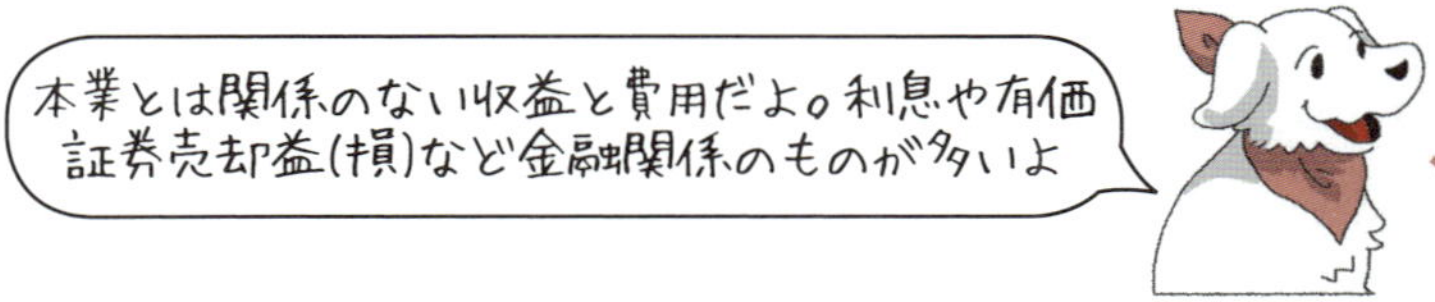
本業とは関係のない収益と費用だよ。利息や有価
証券売却益(損)など金融関係のものが多いよ

Point

❸ 営業利益に営業外収益を足して、営業外費用を引くと**経常利益**。経常というのは、「いつもの」という意味。いつもどおりに仕事をしていれば、これくらいの利益があったということ。

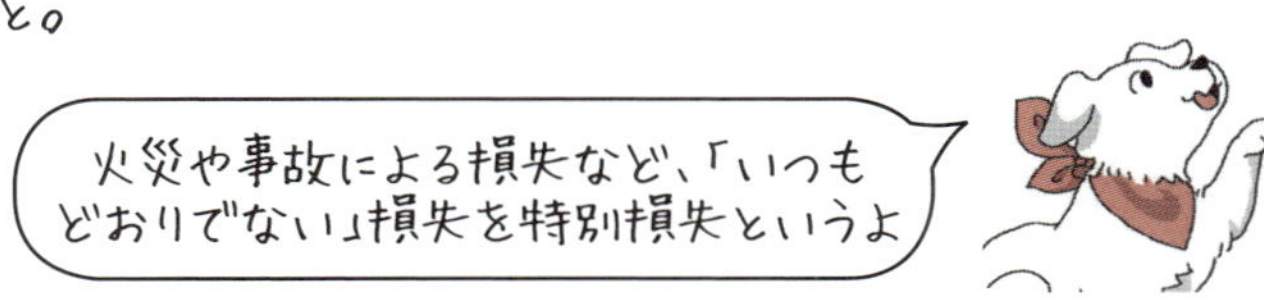
火災や事故による損失など、「いつも
どおりでない」損失を特別損失というよ

Point

❹ すべての費用を引いた残りが当期純利益だ。
でも、ここから税金を引くので、
ここは**税引前当期純利益**。

Point

❺ 税金を引いて、最後に残ったのが**当期純利益**。
これが配当されたり、資本に組み入れられたりするんだよ。

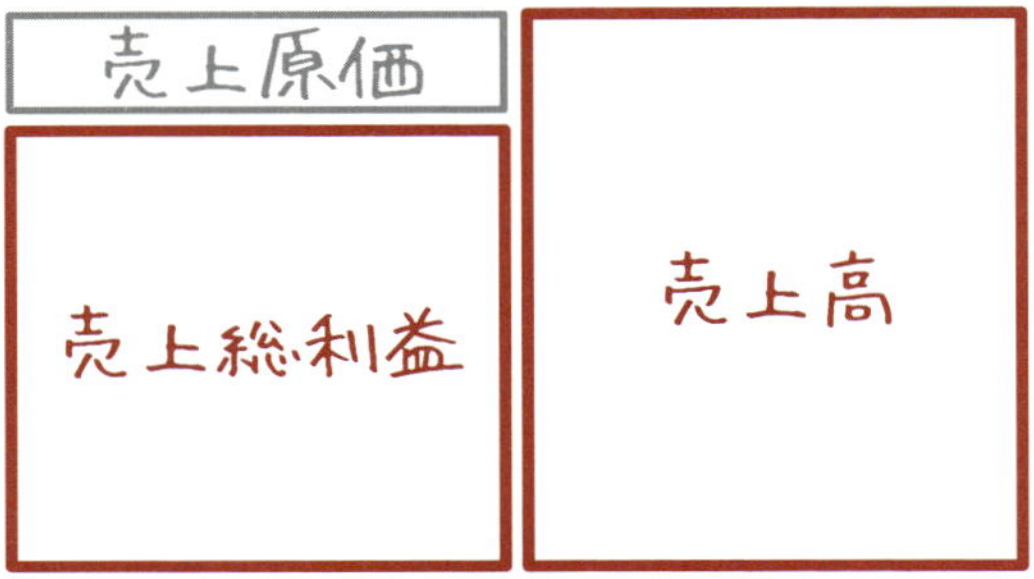

$$\text{売上高売上総利益率} = \frac{\text{売上総利益}}{\text{売上高}}$$

売上高から商品の原価だけを引いた利益の割合です。独創的な商品を売っていると、この比率が大きくなります。価格競争の激しい商品を売っていると、小さくなります。

損益計算書からは、
こんなことがわかるのじゃ。

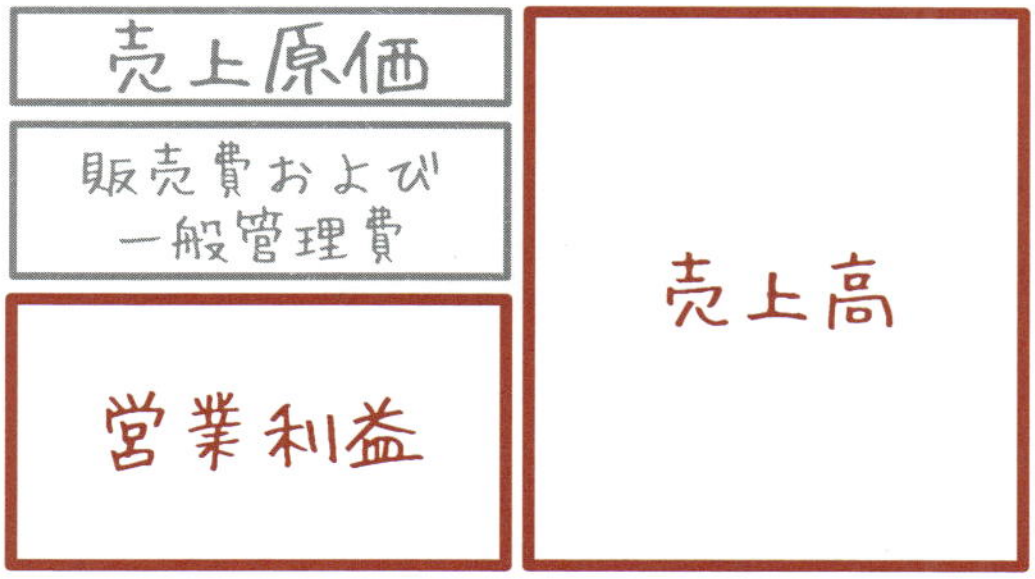

$$\text{売上高営業利益率} = \frac{\text{営業利益}}{\text{売上高}}$$

売上高と営業利益の比率です。会社本来の営業活動が、どれくらいの利益を生み出すのかを表します。

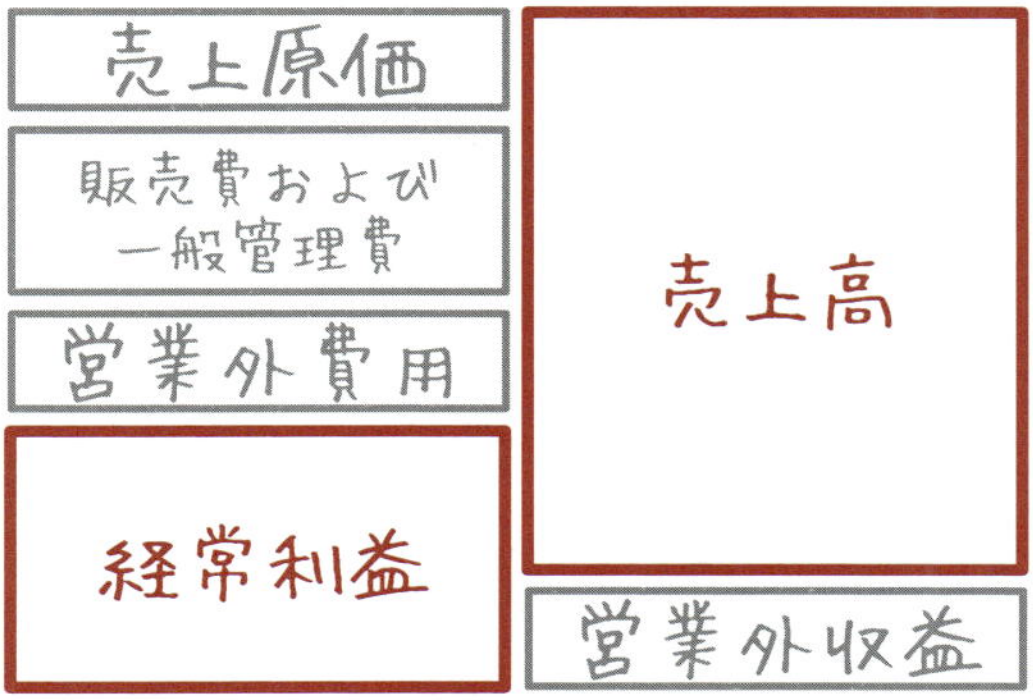

$$\text{売上高経常利益率} = \frac{\text{経常利益}}{\text{売上高}}$$

会社本来の営業活動に限らず、利息の受け取り（営業外収益）なども含めて、会社全体の普通の活動の中から得られた利益と売上高の比率です。

財務諸表分析（ざいむしょひょう ぶんせき）

貸借対照表や損益計算書に記載される情報を分析して、企業の財政状態や経営成績の良し悪しを判断したり、その原因を明らかにすることを**財務諸表分析**《ざいむしょひょうぶんせき》といいます。

分析の方法は、目的によって様々ですが、一般的には、収益性・効率性・安全性・成長性の視点から分析されます。

収益性の分析

１００円の収益、または１００円の資本が生み出す利益の割合を**収益性**といいます。

■売上高《うりあげだか》利益率《りえきりつ》

100円売ったら、利益がいくら増えるかの目安を示します。利益には、売上総利益、営業利益、経常利益、当期純利益を使うことが多いです。いずれも**比率が高いほど、収益性が高い**ことを示します。

$$\text{売上高売上総利益率（\%）} = \frac{\text{売上総利益}}{\text{売上高}} \times 100$$

$$\text{売上高営業利益率（\%）} = \frac{\text{営業利益}}{\text{売上高}} \times 100$$

$$\text{売上高経常利益率（\%）} = \frac{\text{経常利益}}{\text{売上高}} \times 100$$

$$\text{売上高純利益率（\%）} = \frac{\text{当期純利益}}{\text{売上高}} \times 100$$

■資本《しほん》利益率《りえきりつ》

100円の資本によって、利益がいくら生み出されるかの目安を示します。分

$$\text{総資本経常利益率（\%）} = \frac{\text{経常利益}}{\text{総資本}} \times 100$$

$$\text{総資本営業利益率（\%）} = \frac{\text{営業利益}}{\text{総資本}} \times 100$$

$$\text{総資本利益率（\%）} = \frac{\text{当期純利益}}{\text{総資本}} \times 100$$

$$\text{自己資本営業利益率（\%）} = \frac{\text{営業利益}}{\text{自己資本}} \times 100$$

母の資本と、分子の利益にどの数値を用いるかによって、いろいろな指標があります。いずれも**比率が高いほど収益性が高い**ことを示します。

効率性の分析

資本または資産を有効に利用している程度を**効率性**といいます。

■総資本回転率《そうしほんかいてんりつ》

総資本《そうしほん》というのは、負債と資本の合計額のことです。総資本回転率は、総資本に対する売上高の割合です。1年間で、総資本が何回利用されたかを表します。**回転率が高いほど資本が有効に使われている**ことを示します。

$$\text{総資本回転率（回）} = \frac{\text{売上高}}{\text{総資本}}$$

安全性の分析

倒産の危険性や、借りたお金を返す能力を評価します。これを**安全性**といいます。

■自己資本比率《じこしほんひりつ》

総資本に対する自己資本の割合を示します。返さなくてもよい**自己資本の割合が高いほど倒産の危険が低くなります。50％以上が望ましい**とされています。

■固定《こてい》比率《ひりつ》

固定資産がどれくらい自己資本でまかなわれているかを表します。長く使う資

$$自己資本比率(\%)=\frac{自己資本}{総資本}\times100$$

$$固定比率(\%)=\frac{固定資産}{自己資本}\times100$$

$$固定長期適合率(\%)=\frac{固定資産}{自己資本+固定負債}\times100$$

$$流動比率(\%)=\frac{流動資産}{流動負債}\times100$$

産は、長く借りられるお金で買うことが理想なので、この値は**100%以下が望ましい**とされています。

なお、短期の資金を借りたり、返したりを繰り返しながら、長く使う資産を維持することを**自転車操業《じてんしゃそうぎょう》**といいます。

■固定《こてい》長期《ちょうき》適合率《てきごうりつ》

固定比率を少し緩くして、固定資産は、自己資本と固定負債でまかなわれていればよいと考える指標です。この値も**100%以下が望ましい**とされています。

■流動《りゅうどう》比率《ひりつ》

1年以内に支払わなければならない流動負債に対し、1年以内に現金化できる

流動資産がどの程度あるかを示します。この値は**200%以上が望ましい**とされています。

成長性の分析

売上や利益などが増加する程度のことを**成長性**といいます。企業の発展力を表します。

■**売上高《うりあげだか》伸《の》び率《りつ》（増収率《ぞうしゅうりつ》）**

前年度からの売上の伸びを表します。売上の伸びは、事業が拡大していることを示します。

■**当期《とうき》純利益《じゅんりえき》伸《の》び率《りつ》（増益率《ぞうえきりつ》）**

前年度からの当期純利益の伸びを表します。当期純利益の伸びは、事業への再投資や株主への配当が増えることを示します。

$$\text{売上高伸び率（\%）} = \frac{\text{当期の売上高} - \text{前期の売上高}}{\text{前期の売上高}} \times 100$$

$$\text{当期純利益伸び率（\%）} = \frac{\text{当期の当期純利益} - \text{前期の当期純利益}}{\text{前期の当期純利益}} \times 100$$

146ページのこたえ

借りた豆１つを返したときの仕訳は、

借りた　1　／　豆　1

負債が減って、資産が減る取引だね。

精算表を使って説明するよ。

- **「豆」は２つあったから、１つ返すと残りは１つ。**
  （残高試算表の借方が１、貸借対照表の借方が１）
- **借りた豆を１つ返却したから、「借りた」が１つ減って０。**
  （残高試算表の貸方が０、貸借対照表の貸方が０）

貸借対照表が変わっているね。
損益計算書は変わっていないね。
利益は、変わらずに１だよ。

精　算　表

20××年12月31日

勘定科目	残高試算表		損益計算書		貸借対照表	
	借方	貸方	借方	貸方	借方	貸方
魔法の豆	1				1	
くわ	1				1	
じょうろ	1				1	
おの	1				1	
借りた		0				0
もらった		3				3
収穫した		2		2		
埋めた	1		1			
当期純利益			1			1
	5	5	2	2	4	4

あとがき

この本の特徴

簿記のしくみは素晴らしく巧妙です。複雑な出来事を簡潔に記録できるからです。詩人のゲーテは簿記のことを、「人間の精神が産んだ最高の発明の1つ」といったそうです。少しいいすぎかもしれませんが、本当によくできています。

そんな簿記ですが、挫折する人は多いのです。はじめて勉強するときは、簡潔どころか、とても難しいと感じるのではないでしょうか。恥ずかしながら、私も昔、挫折しました。そんな私が、かつての挫折した私に向けて、この本を書きました。

この本では、簿記のしくみを、できるだけ簡潔に説明しようとしました。ストンと腹に落ちる、そんな説明を心がけました。手順よりも、「なぜ」「どうして」に答えるための説明を大切にしました。そのために、3つの工夫をしました。

1つめは、「試算表」を説明の中心に据えたことです。損益計算書や貸借対照表に比べると影が薄いのですが、試算表には簿記の基本原理が潜んでいるからです。

2つめは、「簿記の5要素」の説明に力を入れたことです。それぞれの意味や関係をしっかり理解していれば、この先の発展的な簿記のルールも理解しやすいはずです。

3つめは、みなさんが身近に感じるような「たとえ話」をたくさん使ったことです。簿記は、決して特殊で難しい考え方ではないことを知ってほしいと思ったからです。

書店には、「すぐにわかる」「一発でわかる」と銘打った簿記の入門書がたくさんあります（この本もそうです）。簡単にわかる本がたくさん出版されているという事実は、簿記が簡単にはわからないことを逆説的に証明しているといえます。

この本も、まだ不十分かもしれません。しかし、この本の試みによって、少しでも多くの人の簿記に対する苦手意識が克服されることを願ってやみません。

最後になりましたが、本書のために素敵なイラストをご提供くださった角　一葉さん、本書のカバー・本文デザインを手がけてくださった志岐デザイン事務所の萩原　睦さん、本書の構想から出版まで3年余り、辛抱強く導いてくださった日本実業出版社のみなさま、そして、本書の出版を支えてくださった多くのみなさまに心よりお礼申し上げます。

2019年2月

小沢　浩

小沢 浩（おざわ　ひろし）
名古屋大学教授。西南学院大学・東北大学助教授などを経て現職。博士（経済学）。専門は経営学、会計学。ミシガン大学客員研究員、大学入試センター試験出題委員（簿記・会計）も務める。
著書に『詳解コストマネジメント』（同文舘出版）、『全経 簿記能力検定試験』（共著、税務経理協会）などがある。

簿記《ぼき》がわかってしまう魔法《まほう》の書《しょ》

2019年3月20日　初版発行
2020年12月1日　第5刷発行

著者　小沢　浩

発行者　杉本淳一

発行所　株式会社日本実業出版社　東京都新宿区市谷本村町3－29 〒162－0845
大阪市北区西天満6－8－1 〒530－0047
編集部　☎03－3268－5651
営業部　☎03－3268－5161　振替　00170－1－25349
https://www.njg.co.jp/

印刷／厚徳社　製本／共栄社

この本の内容についてのお問合せは、書面かFAX（03－3268－0832）にてお願い致します。
落丁・乱丁本は、送料小社負担にて、お取り替え致します。

ISBN 978-4-534-05679-5　Printed in JAPAN

日本実業出版社の本

とある会社の経理さんが教える
楽しくわかる！ 簿記入門

東山 穣
定価 本体 1300円（税別）

本当に使える簿記と会計の基本を現役経理マンがマンガでわかりやすく描きました。パンダ先生とインコの会話で、簿記のルールとコツをとことんやさしく、きちんと学べる一冊。

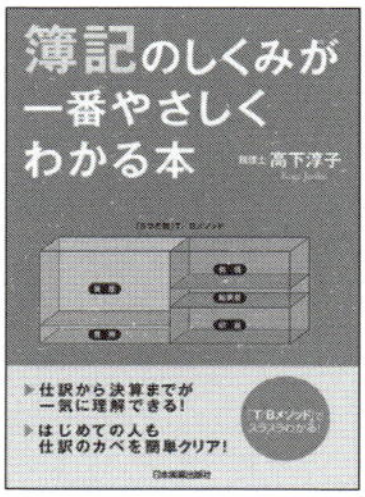

簿記のしくみが一番やさしくわかる本

高下淳子
定価 本体 1400円（税別）

仕訳と決算書作成の流れを同時にマスターする「T／Bメソッド」で、仕訳のカベも簡単に乗り越えられます。仕訳から決算まで、「簿記」の全体像が理解できる有益な一冊。

会計と決算書がパズルを解くようにわかる本

戸村涼子
定価 本体 1400円（税別）

会計が難しいと感じる３大要因、「目的がわからない」「全体像がわからない」「専門用語が頭に入らない」をひも解きながら、会計の重要ポイントをパズル感覚で理解できる一冊。

即戦力になる！ 基本が身につく
経理に配属されたら読む本

村井直志
定価 本体 1400円（税別）

実務経験ゼロの経理初心者のために、会計・税務に関する基本事項のほか、業務をするうえで必要不可欠なエクセルの活用術も解説。即戦力人材に必要なスキルが身につく一冊。

定価変更の場合はご了承ください。